京都に蠢《うごめ》く懲りない面々
──淫靡な実力者たち

湯浅俊彦＋一ノ宮美成＋グループ・K21

JN266260

講談社+α文庫

文庫版まえがき

まさかこれほどの反響をよぶとは思いもしなかった。

一九九三年二月、かもがわ出版から『京に蠢《うごめ》く懲りない面々』を発売したとき、即日完売。緊急増刷分も書店の奪い合いとなって数ヵ月間、京都ではベストセラー上位が続いた。

「よくここまで書けましたね」「大丈夫ですか」と激励が相次ぎ、京都府警暴力団対策課からは「何かあったら言ってきて」と訪問も受けた。

地域情報誌「ねっとわーく京都」（当時隔月刊、かもがわ出版発売）が部数を増やすため八九年三月号から始めた連載が「京に蠢く懲りない面々」だった。フリーライターや新聞記者に執筆してもらうつもりがうまくいかず、言いだした私（湯浅《ゆあさ》俊彦《としひこ》）がいくつかのペンネームを使い分けて書くことが多かった。のち、一《いち》ノ宮美成《みやよしなり》が執筆に加わり、連載終了後は、彼と彼を中心とする「グループ・K21」により「関西に蠢く懲りない面々」シリーズとして六冊の単行本を、かもがわ出版から出している。
今回、文庫になった『京都に蠢く懲りない面々――淫靡《いんび》な実力者たち』は、シリーズ一、二にあたる『京に蠢く懲りない面々』と『関西に蠢く懲りない面々』（九四年四月刊）の四十本の記事のうち、とくに反響をよんだ十四本を選んで一冊にしたものである。

時はバブル全盛期から、はじけるころ。いわゆるバブル紳士や黒幕、ヤクザが跋扈《ばっこ》していた。古都・京都にも東京や大阪からものすごい勢いで資本が流れ込み、地上げやマンション、ゴルフ場開発が進行するなかでの事件である。

――こうして一冊にしてみると、歴史都市、文化観光都市の〝もう一つの顔〟が浮かびあがってきます。かつて右翼の巨頭・児玉誉士夫《こだまよしお》が京都の木屋町《きやまち》周辺を〝視察〟、「京都はうっかり一人歩きもできない街だ」と発言、それが大きく新聞に報道されたことがありましたが、いまなお京都には〝黒幕〟や〝地下金脈〟が存在し、暗躍していることは周知の通りです――

十一年前、単行本化にあたってこう書いている。

時は流れ、〝淫靡な実力者たち〟の多くが鬼籍に入られた。高山登久太郎《たかやまとくたろう》（第二章）、山段芳春《さんだんよしはる》（第三章）、佐川清《さがわきよし》（第四章）、塚本幸一《つかもとこういち》（第七章）、金丸信《かねまるしん》（第十章）ら。そして、希代の詐欺師・許永中《きょえいちゅう》（第三章）はイトマン事件でいま塀のなかに。裏《うら》千家《せんけ》の千宗室《せんそうしつ》（第十三章）は代替わりし千玄室《げんしつ》に。第一章に出てくるルポライターの橋村学はいま売れっ子の宮崎学《みやざきまなぶ》である。

第三章の、許永中に乗っ取られた近畿放送は、ゴルフ場開発の名目で百四十六億円もの借金を負わされ、社屋から放送機材まで担保に入り、いまも再建中である。

第五章の、当初ナゾだった崇仁《すうじん》協議会の地上げ資金は武富士から出ていたものだった。その後、崇仁協と武富士は対立関係になり、武富士側が事後処理に右翼・暴力団を使ったあげく、崇仁協側に死傷者が出た（詳しくは『新　関西に蠢く懲りない面々』〈二〇〇二年十二月刊〉参照）。

第六章の河原町《かわらまち》二条の土地にはいま大マンションが建てられている。

第十章のポンポン山買収疑惑は、市民四千人が返還訴訟を起こし、二〇〇三年二月、大阪高裁で京都市長に二十六億一千二百万円の支払いを命じる判決が出された。

かつて京都は、戦後二十八年間続いた蜷川虎三《にながわとらぞう》革新知事のもとで大資本による乱開発や京都進出が抑えられ、伝統産業や町並みもある程度守られてきた。ところが七八年に保守府政に転換して以来、たちまち中央直結になり、東京や大阪の資本が流れ込んだ。それは裏世界でも同じで、京都を仕切ってきた土着ヤクザや黒幕は徐々に弱体化、いまやその影響力は失われつつある。唯一、副知事から中央政界に躍りでて「京都のドン」の役割を果たしてきた自民党の野中広務《のなかひろむ》・元幹事長の引退は象徴的ともいえる。

にもかかわらず、京都には仏教宗派の多くの本山が置かれ、茶道や華道の家元も存在している。そして毎年四千万人もの観光客がやってくる。そのなかで都心部の町家がつぶされ、高層のマンションが次々建設されている。新しい京都の「黒幕」や、その利権の構図を探らねばならないときである。

取材にあたってご協力いただいた新聞記者やライターのみなさんにあらためて感謝したい。

二〇〇三年十二月

湯浅俊彦
一ノ宮美成

京都に蠢《うごめ》く懲りない面々◉目次

第二章　京の闇を仕切る会津小鉄《あいづこてつ》・高山登久太郎《たかやまとくたろう》会長に迫る

第三章　ＫＢＳを乗っ取った黒幕たち——福本邦雄《ふくもとくにお》・許永中《きよえいちゆう》・山段芳春《さんだんよしはる》氏の狙い

第四章　〝地獄の特急便〟の錬金術――佐川急便・佐川清《さがわきよし》会長の虚像と実像

第五章　得体が知れない崇仁《すうじん》協議会の力と金

第八章　三和銀行のダーティーワーク——ライトプランニング事件の深層

第十一章　阿含宗《あごんしゅう》・桐山靖雄《きりやませいゆう》管長の闇——その急成長の秘密と実態を暴く

第十三章 〝現代のタブー〟となった裏千家、二つの顔

第十四章　占い師・細木《ほそき》数子《かずこ》と組んだ世にも不思議なお墓商法

※本書に登場する人物の年齢や肩書、社名、省庁名などは事件当時のものです。敬称は一部略させていただきました。

京都に蠢《うごめ》く懲りない面々

——淫靡《いんぴ》な実力者たち

第一章　「同和」をネタに行政を脅す暴力団——〝成功報酬〟は一億円也

「あなたのお持ちの山林を市街化区域に編入して、宅地で売れるようにしてあげます。坪一万円で請け負います」――こんな〝商売〟がひそかにまかり通っている。狂乱地価のもと、もしこんなことが許されたら一挙に何十倍もの儲《もう》けが転がり込む。実際、この〝成功報酬〟一億円の支払いをめぐって殺人事件までひきおこされているのだ。

真昼のレストランの発砲殺人事件

パン、パン、パン――風船が割れたような音。

一九八六年九月二十五日午後零時四十分、京都市伏見《ふしみ》区深草西浦町《ふかくさにしうらちょう》五丁目、師団《しだん》街道沿いにあるレストランで紺色の戦闘服姿の男二人が、ピストルを乱射して二人の男を殺し、表に待たせていた車で逃走した。

昼食時とあって店内はにぎわっていた。突然の出来事に八人の女性グループ客を含め二十数人の客は悲鳴をあげ店を飛び出した。

至近距離から六発を撃たれて即死したのは、暴力団一和会《いちわかい》系岬組のI京都支部長（当時三十七歳）。そして西日本同和事業組合副会長で元暴力団組員・T（四十三歳）

も胸に二発を受け、間もなく死亡した。

事件から四日後の二十九日、伏見署に三人の男が短銃を持って自首してきた。暴力団会津小鉄《あいづこてつ》会系岩丸組組員・国場幸一（二十七歳）、同・村上秋広（二十六歳）、同・宮崎忍（三十一歳）で国場、村上が射殺し、宮崎は車を運転したというもの。

この白昼の殺人事件の背景には、左京《さきょう》区岩倉《いわくら》の山林の市街化区域編入〝成功報酬〟一億円の支払いをめぐるトラブルがあった。

わずか二十日間で開発許可

問題の山林は、左京区岩倉長谷町《ながたにちょう》の山際に開発されている岩倉グリーンタウン用地。

暴力団会津小鉄会系寺村組内の岩丸組組長岩丸幸生が事実上経営する幸生総合建設が約二万一千五百坪の山林を手に入れ、八三年に奈良不動産＝本社・横浜＝との間で宅地造成に関する基本協定書を作成し、八五年三月までの間に二十二億一千五百万円の融資を受け開発計画を推進した。

この融資に対する担保と、さらに山林の開発許可を得やすくするため、山林の所有

伏見のレストラン　短銃乱射
客20数人一時騒然
抗争防止へ厳戒
府警
もし巻き添え…総立ち

殺人事件を報じる「京都新聞」
86年９月26日付

名義を奈良不動産に移している。市は二万一千五百坪のうち九千坪について、八五年二月の線引き見直しにより市街化調整区域から市街化区域に編入、同年九月四日に開発許可申請を受け、同月二十四日に許可している。わずか二十日間である。同時に市はこの地を第一種風致地区から二種地区に格下げした。

その間、業者は、八月に自治会連合会に計画を説明、九月には地区住民への説明を行った。

三十度の山の斜面を切り開き、隣接する山の斜面に盛り土するというこの計画を聞いた地元の九ヵ町自治会は対策委員会を結成して、「土砂崩れの恐れがある」などとして反対運動を起こした。

ここへ、業者の窓口として登場するのが、暴力団寺村組の初代組長（宮崎清親）の実子で、大学時代、共産党に入党していたという橋村学（四十歳）＝ルポライター・東京在住＝である。

岩丸幸生組長から「地元の共産党が反対運動して困っているので力を貸してくれ」と頼まれた橋村は、八六年一月、東京から知り合いの弁護士を連れて幸生総合建設の福田精二社長らと相談、幸生総合建設「開発部長」の肩書でその後、十四、五回の地元交渉を続け、ついに八六年六月三十日、地元自治会、対策委員会と奈良不動産、幸生総合建設との間で工事協定書が交わされた。

交渉の途中、橋村は「住民とはフェアにやりたい」と言いながら、「協定は法的にどうしても必要というわけではない」と工事強行の姿勢も示した。

市に〝ウン〟と言わせたら成功報酬一億円

この交渉の過程で、造成の際の土砂埋めたて用に隣接の山林をも買収しなければならなくなり、結局八千六百五十九坪（通称幸生谷）をも買収したため、業者はこの幸生谷を含む約一万一千坪を新たに市街化区域へ編入するよう市当局に求めることとなった。

「この土地が市街化区域にならないと商品価値がないのや、何とかならんか」

橋村が幸生総合建設の福田精二社長から頼まれたのは五月中旬であった。橋村は、友人のIにこの話をもらした。

「それはワシのところでやらせてくれ。ワシの知っとる小島という者はこういうことがよくできる男や。相場は坪五千円から一万円ぐらいや」

即座にこう答えたIは、一和会系加茂田組内岬組京都支部長で、有限会社石増総業の代表者である。「小島」とは、西日本同和事業組合会長で小島商事を経営している小島明のこと。

数日後、幸生総合建設は二人に市当局への交渉を委《ゆだ》ねることにし、一万一千坪の土地が市街化区域に編入されることになれば、坪当たり一万円の報酬を支払うこと、とりあえず手付金として一千万円を支払い、市の担当者が「市街化区域に編入する」と幸生総合建設、奈良不動産の前で明言したときに一億円を払うと約束した。一千万円は奈良不動産から橋村を介してIへ支払われた。

「同和」をネタに市役所へ押しかけ

住民との協定書が結ばれるのを待って小島らは市への交渉を始めた。

「差別をなくし明るい社会をつくろう」

「同和問題の解決は市民一人一人の手で」

こんなスローガンが入った名刺を差し出す。「西日本同和事業組合」の小島明、同副会長のTらである。京都市役所の都市計画課、開発指導課、風致課をひんぱんに訪れる。応対するのはいつも課長。三課長が顔を並べることが多かった。

「ワシらは、あの土地を開発して同和関係の者に安い住宅を提供したいと思うてるんや。何とか市街化区域に編入するよう前むきに汗かいてくれ」

執拗《しつよう》にねばる。何回も、何回も押しかけられ、同じことを聞かされているうちについ、九月十一日、「開発区域の南側の前山は保全緑地ですから絶対ダメですよ。そのほかの土地は次期見直しの折、検討しましょう」と都市計画課長が言ってしまった。線引き見直しの言質《げんち》を事実上与えてしまったのである。

喜んだのはIら。この話をみんなの前で公言させようと、九月十六日に最終交渉を行うことを決め、ただちに辛生総合建設、奈良不動産側に連絡、当日は十一名が市役所二階の建設局会議室へ。三課長からは「次回の線引きの際には市街化区域に入れます」とのニュアンスの回答を得た。

「間違いありませんね」

Tが念を押す。「ハイ」と課長。

奈良不動産の代理として参加していた設計事務所員は「さっそく奈良不動産へ報告しなくては」と言い、もはや決着がついた感じであった。

「払え」「待ってくれ」のやりとりのあげく

そこで、I、小島、Tと橋村は、翌十七日、福田社長に、成功報酬として残金一億円を支払うよう求める。しかし同社長は「いま資金もなく、岩丸幸生会長に相談しないと一存では決められない」と言い、小島は十九日、岩丸幸生に対しても一億円の支払いを求める。岩丸は「払わんならんもんは払うが、待ってくれ」。

しびれを切らしたI、小島、Tらは二十四日夕、子分を連れて、幸生総合建設の事務所に押しかけた。幸生側と険悪な雰囲気となる一幕もあったが、社長が不在のため、翌二十五日午前十時に、組員のIらを除き、小島らだけが同事務所で再度話し合

造成がすすむ岩倉グリーンタウン。矢印の所が埋めたてられた幸生谷

うこととなった。

　橋村は、北陸の山代《やましろ》温泉にいた岩丸幸生のもとへ車で飛んでいき、事情を説明、急遽《きゅうきょ》、岩丸ともども京都へ戻ることになり、帰る自動車の中で対応を相談しながら二十五日午前三時半ごろ、京都に着いた。

　午前五時半、福田社長が橋村に電話をかけ、小島らとの会合を正午から伏見区のレストランで行うと変更、さらにIをも連れてくるよう告げた。

　そして、同日正午、橋村は福田社長、社員一人とともにレストランに到着、十五分遅れて小島、Tが従業員二人とIとともに外車二台で到着、二階奥のテーブルを囲んで一億円の支払いについて話し合いを始めた。

　そのころ、別のテーブルに座ってIらの様子をうかかっていたのが、岩丸組の組員、国場幸一と村上秋広である。二人とも三十八口径の回転弾倉式拳銃に実弾五〜六発を装塡《そうてん》し、むき出しのままズボンの内側に差し込んでいた。

二人は便所へ行くふりをして、Ⅰの座っている位置を確認、まず国場がⅠの背後一メートルの距離まで近づき、カーテンにかくれて三発、一瞬おいて村上が、Ⅰの正面へ回り三、四歩くらいの距離から一発撃つたびに少しずつⅠに近づきながら五発をⅠめがけて発砲、即死させ、さらに振り向きざま、逃げようとしていたTにも発砲、ほどなく死亡させた。

逮捕された二人は、警察でも公判でも二人だけの意思で行った偶発的な出来事と供述する。しかし、すべての状況は、一億円の支払いを迫られた岩丸組関係者が二人にⅠの殺害を命じ、実行したとみる方が自然である。

京都地裁での判決（八七年十月二十八日）も「岩丸組の関係者が被告人両名にⅠの殺害を命じ、被告人両名がその指示通り本件を実行したという疑いが極めて濃厚であり、その疑いを到底払拭《ふっしょく》することができない以上、本件犯行の全責任を被告人両名に負わせることは苛酷にすぎる」として、懲役二十年の刑を言い渡している。

酷似した手口――「尾崎清光射殺事件」

この射殺事件で思い起こされるのは有名な尾崎清光射殺事件である。「日本同和清光会最高顧問」の肩書で〝猛威〟をふるっていた彼が殺されたのは八四年一月三十日夜の九時五十分ごろ。入院中の東京女子医大病院のベッドで五百万円の札束を数えていたとき、侵入してきたカーキ色の作業衣上下にハンチング、白マスクの三人組にサイレンサーで後頭部と背中を撃たれ、さらにドスで背中をえぐられるという凄惨《せいさん》な死に方。侵入から逃走までわずか二十秒あまりでプロの殺し屋による射殺事件と騒がれたが、犯人はつかまらなかった。

尾崎清光（当時四十八歳）。片手に一億二千万円のダイヤ入り腕時計、もう一方には八千万円の金ムク、三千万円のキャデラックのリムジン二台を乗り回し「動く三億円」とも呼ばれていた。

十七歳で寸借詐欺。以来恐喝、傷害、婦女暴行と逮捕歴十七回。一九七〇年ごろ、元法相の西郷吉之助《さいごうきちのすけ》衆院議員（当時）が乱発した四億五千万円の手形の回収を頼まれたのがきっかけで、政治家に接近、七八年ごろに「日本同和清光会」を設立。

〝同和〟をネタに高級官僚をどなりまくり圧力をかけるやり方は各省庁の役人間で知れわたっていた。とくに同和行政における特権をフルに利用し、市街化調整区域の解除や国有地の払い下げ工作などに暗躍、次々利権をあさっていた。

この尾崎は、京都府、京都市にもあらわれていたのである。

京都府には八三年九月八日、四人の子分を従え土木建築部長室に乗り込み、「城陽《じょうよう》市の市街化調整区域に土地を持っている業者が資金繰りが厳しい。市街化区域に入れるよう早く作業を進めろ」とどなりまくった。そして「城陽市の強い要請にもとづいて」（府当局）線引きは変更された。

尾崎は同年末、京都市役所にも訪れ、伏見区醍醐《だいご》南端山《みなみはやま》の山林（約三・一一ヘクタール）について、市街化調整区域を解除し、市街化区域に変更することを迫った。その後も東京から何度となく電話をかけ、どなったという。八四年六月の都市計画審議会でこの山林は反対意見を押し切って認められ、翌年市街化区域に編入された。

「殺されたときにはホッとした」

幸生総合建設に話を戻そう。同社は、Ｉにだけ線引き見直しや開発許可を頼んでいたのではなかった。

同社福田社長の供述によれば、岩倉の土地については同和運動団体の幹部H（東京）に頼み、八五年三月に九千坪が市街化区域に編入された。さらに九月二十四日に開発許可。同社長は「それは私が八五年四月ごろより大阪の全日本同和対策促進会連絡協議会新生会の米田稔会長にお願いし、私と一緒に市当局に交渉した結果」と言う。

「いずれは線引きの見直し時に市街化区域に編入される土地だった」と言う人もいるが、「何度も押しかけられ、殺されたときには正直いってホッとした」ともらす市職員もいるほど、その〝圧力〟はすさまじいものがあった。

「早い話が〝同和〟の看板で、いく度となく来ていたTさんたちに少なくとも押し切られた形。何回

問題の場所と開発許可通知書

も同和対策、同和事業と振りかざされて、要望されること自体わずらわしかった。大いに反省している」――市街化区域編入の言質を与えた課長は警察でこう供述している。

京都弁護士会公害対策委員会（尾藤廣喜委員長）は八九年三月十四日開いた「まちづくりと開発問題を考える」シンポジウムでこの岩倉グリーンタウン開発問題を取り上げた。事例報告のなかで「京都市の行政は、同和事業の名目で許可や認可を求められるとその大義名分に抵抗し切れない傾向があり、開発業者が同和事業団体の名前を使って行政への交渉圧力をかける素地がある。そのような不当な圧力によって、都市計画決定が歪《ゆが》められ、公正な行政運営が疎外される」ことを指摘している。

岩丸組組長は取り調べなし！

〝鉄砲玉〟として二人を射殺した犯人の国場幸一、村上秋広は、いま刑務所で服役している。国場は沖縄県那覇《なは》市、村上は福岡県田川《たがわ》市の出身、いずれも二十代の若者。拳銃は国場が沖縄で入手したものという。

しかし、岩丸組組長は取り調べすら受けていない。

八八年、京都市内を中心に発砲、手榴弾《しゅりゅうだん》爆発事件が計十八件発生している。その大部分は会津小鉄会が関与しているものとみられ、とくに、十一月二十八日未明には京都地検などの入っている京都法務合同庁舎が銃弾を受けた。これらの背景にあるのはほとんど地上げ・底地買いを中心とした土地がらみである。

八九年二月には八幡《やわた》市で会津小鉄会系暴力団の短銃密造工場が摘発され百数十丁の三十八口径銃がつくられていることがわかった。

府警は八八年十二月一日から会津小鉄会集中取締本部を設け、三ヵ月間で組員ら二百四十七人を逮捕した。会津小鉄会は京都を本拠に百九団体、組員約二千六百人に膨れあがっている。府警は本気で〝壊滅〟をめざしているのか、従来の府警＝会津小鉄会の癒着ぶりを知っている府民は、なお息をひそめて見守っているのが現状である。

第二章　京の闇を仕切る会津小鉄《あいづこてつ》・高山登久太郎《たかやまとくたろう》会長に迫る

会津小鉄《あいづこてつ》。京都の闇の世界を仕切る暴力団。構成員二千二百人（うち京都府内千六百人）、高山登久太郎《たかやまとくたろう》会長は四代目。皇民党事件にも介在していたことで一躍有名になったが、暴力団対策法のもとで、指定暴力団として警察に厳しくマークされ、脱会する組員も続出している。〝徹底抗戦〟を叫ぶ会長らに下部から不平不満が飛び出すなど、〝一枚岩〟を誇っていた組織がいま大きく揺らいでいる。

暴力の〝殿堂〟にて

五条大橋《ごじょうおおはし》のすぐ南、高瀬《たかせ》川沿いにひときわ瀟洒《しょうしゃ》な四階建てのビルが建っている。鉄筋コンクリート、延べ床面積は約一千九百平方メートル、屋根は銅板葺きのこの建物は京都・滋賀の広域暴力団・会津小鉄の本部である。

玄関右側に「会津小鉄」の金文字が輝き、頭上にはこの暴力団の代紋「大ひょうたん」が打ち込まれている。窓は防弾ガラス。モニターカメラが四方を二十四時間態勢で見張っている。一九八九年、突貫工事で完成させたこの暴力団の「殿堂」は、いくらバブル時代とはいえ全国的にも注目を集めた。

土地代、建築費（備品も含め）はざっと二十億円。土地・建物ともに「会図会館」

が所有。この会社の役員には、会津小鉄の幹部連が名を連ねている。

一階玄関を入ると二階まで吹き抜けのホール、壁面は豪華な大理石づくり、二階は準幹部の部屋で、三階は百平方メートルもある会長室と五役（幹部）の個室。四階は百六十三畳敷きの大広間で、師走には幹部約二百人が勢ぞろいして新年を迎える行事の「事始め」が開かれる。

暴力団の〝殿堂〟!?　会津小鉄本部

用心棒代で荒稼ぎ

この会館の主が会長の高山登久太郎（六十四歳）だ。「喧嘩《けんか》、喧嘩、私の少年時代は喧嘩に明け、喧嘩に暮れ」（本人の著書『警鐘』〈ぴいぷる社〉）、進学した工業高校を退学、すぐ喧嘩で逮捕され、ブタ箱を出たら徴用工として軍需工場へと引っ張られた。やがて終戦、両親や兄弟は韓国へ引き揚げたが、ひとり残った。

大津《おおつ》市で肉体労働をしているうちに、「どっちみち前科者と言われるのだったらヤクザになってやれ」と地元の中川組の組員に。六九年に二代目組長となり、組員七百人の大集団にまで拡大する。同組の若頭時代「万和建設」という砂利の採取・販売の会社をつくり、ダンプ六、七十台をフル回転させて急成長。が、警察の指示で解散。近江《おうみ》神宮に組員百名あまりを集め、生コンや土木、建設業者などにして独立させたという。「企業舎弟」のはしりである。「中には年商数百億円の会社社長もいる」（「朝日新聞」九一年十二月一日付）

かつて、JR大津駅裏の路地の二軒続きにひっそくしていた高山が大軍団を持つようになるのは雄琴《おごと》のソープランド街を縄張りにしてからといわれる。系列の商事会社をつくり、これを通して業者に必要なすべての物品、たとえばコーラなどの飲料水にはじまり、タオル、石鹼《せっけん》、油などといったものを納入する。ここからあがる儲《もう》けは莫《ばく》大《だい》なものという。

同じ方式は祇園《ぎおん》、木屋町《きやまち》など京都のネオン街でも行われている。新規開店とともに暴力団組員や関係業者がやってきて、干支《えと》の置物や門松を売りつける。その際「何かあったら……」と名刺を置いていく。やがて、別の暴力団組員が来て難癖をつける。店主は名刺の連絡先に頼んで、間に入ってもらう。これをきっかけに「今後も頼みます」と、用心棒代を払うようになる。

　府警の調査では、月平均十万円前後で、指定した銀行口座に振り込ませる。過去三年間で計七百二十万円も払った店もあったという。

　会津小鉄系の業者が、おしぼりやつまみ、たこ焼きを売りにきて「買わされている」店主も多い。

「商売というものは、お互い自由競争で、それで商売じゃないか。顔を立てて（買って）もらっても、商売は商売だ」（『警鐘』）という理屈で高山は開き直るが、怖いから買うのであって、とても〝商売〟とはいえない。

公衆電話ボックスを仕切る

　繁華街にある公衆電話ボックス。周囲のガラス一面にすき間もなく貼りめぐらされたデートクラブの客集めビラ。このビラ貼りも会津小鉄傘下の二組織が貼る場所を仕切り、資金源としている。

　市内一円の公衆電話は電話機に向かって右側は××系、左側は○○系の縄張りとされ、名刺大のビラ一セット四枚で、一つのデートクラブは計二種類八枚まで貼れる。

場所代は月四十万円で、縄張りの二組織に納める。その代わりに、ビラを貼る「指定席」がすべての電話ボックスに確保できるシステムである。

暴力団に無断でビラを貼ったり、場所代を払わなかったりすると、組員がデートクラブに嫌がらせの電話をかけたり、客を装ってデート嬢に暴行を加えることもあるという。

この二つの暴力団は、京都市内に十五前後ある売春組織を二分する勢力とされ、片方の組織の場合、七業者から月二百八十万円が確実に入る計算。五条署は最近まで、このような実態をつかんでいなかったというから、これまた不思議な話ではある。

土木、建設事業に群がる

しかし会津小鉄の資金源の中心は土木、建設の領域である。「地元対策費、下請け、警備などの名目に工事費の一～三％が入る仕組みになっているようだ。見積もりが厳しくチェックされる公共事業でも〇・八％が入金される、という」(「朝日新聞」九一年十二月一日付)

高山が土建会社を経営していたことは先にふれたが、舎弟頭・丸岡鉄太郎は寺村組組長として、開発のすすむ伏見や府南部を地盤に、家屋解体業を看板にしながら急成長していく。

「京都ほど暴力団に払う金が多いところはありませんな。だいたい工事費の一・五%から二%がわれわれ業者から地元の暴力団に払われている。それをやらないと工事の邪魔をされるんです」――「週刊朝日」八一年十二月十八日号で、大手建設業者の京都支店の営業部員が語っているが、それはいまなお京都で続いているのだ。

「立会人として名を連ねた高山会長に脅迫され、土地を半値以下の約十一億円で買いたたかれた」と京都の大手建設会社がパチンコ会社を相手どり、所有権の移転を求めた民事訴訟を起こしている。この建設会社のオーナーは「高山さんから『京都で言うことをきかんのはお前だけや』と言われました。実際、高山さんは国会議員や高級官僚と付き合いがあって、公共事業の入札に力を持っていましたから、工事を取れない不利益も受けました」と法廷で証言（「朝日新聞」九一年十二月一日付）している。

「フォーカス」の〝詫《わ》び〟と山段芳春《さんだんよしはる》、許永中《きよえいちゆう》との闇の関係

「高山は、山口組と一和会の抗争を仲介し実績をあげ、京都の黒幕として地元の金融

界やマスコミ界に隠然たる影響力を持つ山段芳春と接近し急速に力をつけてきた」

「フォーカス」九〇年一月五日号は「百六十畳敷大広間あり『京都・五条に落成』した暴力団の殿堂」という記事のなかで、関係者のコメントを紹介している。この記事は会津小鉄を怒らせた。新潮社にベンツを横付けして、編集部に押しかけたという。結局、編集幹部が年末に京都にまで事情説明に出向き、「二度と会津小鉄の悪口は書かない」と〝詫び〟を入れ収まったと伝えられている。

気にくわなかったのは「山段芳春と接近し」の部分なのか、この記事の最後の「京都は暴力団にとって〝楽園〟だ、という人がいます。市内の地上げで彼らがからまない場所はないといわれている。今もっともたいどの悪いのは七条河原町《しちじょうかわらまち》の地上げで、彼らはボロ儲け。だからロールスロイスを買って豪邸を建てるのが会津小鉄の親分衆の流行とか」という〝消息通〟のコメントなのか定かでない。

しかし、高山が京都の闇の世界を仕切っていることに間違いない。山段は〝表〟と〝裏〟を結ぶ架け橋の役割を果たしてきた。裏を仕切る高山の力があったからこそ表の世界に大きな影響力を持てたし、逆に高山も、検察・警察の元幹部をグループに抱え金融を支配する山段に近づくことによって多くのメリットを得た。

高山の長男・義友希が社長をしていた東亜企画の新石垣島空港用地をめぐる土地転がしにキョート・ファイナンス（山段芳春社長）が三十億円も融資していたことが九〇年秋に明るみに出て、あらためて両者の関係が浮き彫りになった。

さらに高山は、イトマン事件で逮捕・起訴された許永中とも深くつながる。

韓国の釜山《プサン》市東区にあるホテル・クラウン（客室百三十五室）が八七年春、競売にかけられた際、高山が約十一億円で落札。その後、許永中と共同でこのホテルを経営し、八九年夏、許の関係企業に約十三億円で売却している。高山は、許と知り合ったのは六、七年前という。

許が日本レースに入り込み、前代未聞の手形乱発を行ったのが八四年から八五年にかけて。日本レースの当時の経営陣・山野《やまの》一族と日本最大の仕手集団・二洋興産グループが京都を舞台に対決し、地元の会津小鉄が、乗り込んできた関東、神戸の暴力団と対決したことがあったが、それ以来のつきあいだとみる事情通もいる。

京都の地上げを一手に引き受け

警察庁は暴力団の年間収入をおおよそ一兆三千億円（八九年）と発表しているが、

実際には〝七兆円産業〟説も出るほど。

「イトマン、東洋信金、富士銀行、東海銀行、東急電鉄、東京佐川などの一連の〝バブル経済事件〟ですでに〝何兆円〟ものカネが闇から闇へ消えている。そのうち捜査当局が摘発、解明したカネはせいぜい〝何千億円〟。残りのカネはほとんど暴力団のフトコロに入ったのでは……」とみるジャーナリストもいる。

会津小鉄の場合も、バブル経済のなかでとくに京都の「地上げ」で儲けたとみられる。マンション業者などは高利の金を寝かせる業務のため、何より買収のスピードが問題にされる。地権者を説得したり裁判に訴えたりではあまりに時間がかかりすぎることから、大手の不動産業者までがこぞってダミーを使い、暴力団の威嚇力に頼った。全国一の値上げを記録した京都市内の地上げを一手に引き受けたのが会津小鉄といってもいいほどだ。

詳細な手口は省くが、〝企業舎弟〟とされる窪田（窪田操社長・中京《なかぎょう》区河原町二条《かわらまちにじょう》）は、「会津小鉄図越組若頭補佐」などの肩書を持つ組長らを〝地上げ屋〟として使い、無法な脅しを繰り返していた。

皇民党、佐川清《さがわきよし》会長との黒い関係

自民党総裁選（八七年）での竹下《たけした》元首相への「ほめ殺し」封じに会津小鉄もかかわっていたことが十月初めに大きく報じられた。

竹下登《のぼる》・金丸信《かねまるしん》コンドから東京佐川急便の渡辺広康《わたなべひろやす》社長を通して依頼された暴力団・稲川会《いながわかい》の石井進《いしいすすむ》会長（いずれも当時）は、会津小鉄の小頭、荒虎千本組の三神忠組長（五十九歳）に電話で説得工作を依頼。三神は「三十年来の友人」である皇民党の稲本虎翁総裁（当時・故人）を説得し、結局、皇民党は竹下が田中角栄《たなかかくえい》邸に謝りに行くことを条件に妨害宣伝の中止を受け入れた。

1992年(平成4年)11月25日　水曜日　3996
皇民党事件
「会津小鉄幹部も関与」
衆院予算委で社党追及
独自調査　警察庁も認める

「朝日新聞」92年11月25日付朝刊。円内は高山会長

この皇民党は九〇年三月十九日に告示された京都府知事選に二人を立候補させた。狙いは「京都府警攻撃」だった。同年二月、全日本教職員組合の教研集会妨害のために押しかけていた際、府警のトラックが落とした書類を

拾って持ち帰り、窃盗容疑で捜索を受けたことから「テレビの政見放送で府警を批判するための戦術」だった。

しかし告示から一週間後、皇民党は突然京都を離れた。

「佐川清会長が『このへんで勘弁してやれ』と、運動を中止させた」（佐川清前会長側近）

「同党は四国へ引き返す直前、選挙の『七つ道具』を京都市左京区《さきょう》にある佐川氏の屋敷に預けたという。

側近によると、佐川氏と故稲本虎翁・同党総裁の間を橋渡ししたのは、京都、滋賀に勢力を持つ暴力団会津小鉄にいた元組長だったという。高山登久太郎・会津小鉄会長は『稲本は昔からよく知っていた』と言う」——「朝日新聞」九二年十一月八日付はこう報じている。

佐川会長の用心棒も

佐川急便（本社・京都市）と会津小鉄の関係は古く、深い。佐川清会長は〝用心棒〟として会津小鉄を利用し、毎月一千万円を払っていたという。福岡県警捜査四課の調べによると、佐川急便の運送業務にかかわるトラブル処理や、佐川会長宅の警備を会津小鉄に依頼し、その報酬として七九年ごろから十数年間にわたって総額十五億円も支払っていた。

佐川会長は、側近の同社関連会社元幹部に会津小鉄との交渉役を任せ、現金は、この元幹部が会津小鉄事務所で幹部に直接渡していたという。また「佐川会長を訪れる会津小鉄の組長に、二百万円前後の金をそのつど渡していた」とも。

「佐川グループ総帥・佐川清氏の地下人脈における最大の後《うし》ろ楯《だて》といわれているのが、やはり会津小鉄なのである」（「週刊ポスト」九一年十月十一日号）との指摘は正しいようだ。

佐川会長名義の大津市内の山林約三万七千平方メートルが会津小鉄の図越利一総裁に無償で譲渡された際、九一年五月、会津小鉄系の不動産会社「栄和」に一億千万円で売却したように装い、架空の売買証明書を偽造、移転登記を行い、九一年二月、福岡県警により会津小鉄本部などが捜索された。この土地は、大津市が現在、大規模ごみ処分場の建設を計画して用地買収をすすめている山林のすぐ近くである。

揺れる会津小鉄内部

『警鐘』。高山登久太郎が「ドスの代わりにペンを握って」（あとがき）六ヵ月をかけて書き上げた〝労作〟だという。「暴力団新法は違憲であり、私らの生きる権利を奪うものであり、強く抗議する」とともに、「政治家と警察官僚への〝宣戦布告状〟として発刊したという。

九二年四月下旬に発行された三百ページにのぼるこの本は、三月から「暴対法」が施行されたこともあって話題となった。が、突然、本屋の前にベンツがとまり、一見してヤクザとわかる男が〝買い占め〟に回る。どうも山口組からのクレームによるものらしい。「暴力団新法制定のきっかけは、山口組の過激な動きが引き金になった……。警察対山口戦争では警察に分がある」などの記述が山口組にカチンときたようだ。いずれにしろすべての本屋からこの本は消えてなくなってしまったのだ。

警察に対し徹底抗戦を続ける高山に対し、会津小鉄内部からも「おやじも警察ににらまれるようなことばかりやってたら損とちゃうか」という声があがっているという。

高山は新左翼系の遠藤誠《えんどうまこと》弁護士を東京から呼び、大阪、神戸などの親分、子分衆も招いて〝理論武装〟し、九一年秋には自ら主唱して渡辺芳則・山口組、稲川上肥・稲川会、西口茂男・住吉会代表とともに〝極道サミット〟まで開いてきた。

新聞・雑誌やテレビに派手に登場し、あくまで「暴対法粉砕」を叫ぶ高山の存在は警察庁でも目障りである。「高山をとれ（逮捕せよ）」は京都府警本部長への至上命令だといわれる。

十月九日、国家公安委員会（警察庁）へ出頭した高山は、指定取り消し審査請求の本人審尋《しんじん》で、指定暴力団幹部として初めて発言している。このなかで「やめたいやつはやめていいんだ」と発言したという。実際、脱退者（組抜け）が若年層を中心に日を追って増えている。「すでに百人を超えたのでは……」とみる関係者もいる。

暴対法によるシフトは明らかに効果をあげているようだ。上納金が払えない組も出ており、高山への批判がくすぶっている。

「確かに幹部間の不協和音が聞かれる。いまのところ高山へは面従腹背《めんじゅうふくはい》というところだ」とある新聞記者は語る。

高山はこうした事態を乗りきるため八月七日に新幹部人事を発令した。しかし「大津（中川組）中心の側近人事で、面白くないと思っている幹部も多い。相当不満も出ていて、それが警察の方へも伝わってきている」（地元記者）という。

一方、会津小鉄と微妙なバランスを保ってきた山口組がこれを機に一挙に京都へ進攻するのでは、という見方も出ている。

どこまで警察は本気か？

一国の内閣の成立に〝ヤクザ〟がかかわっていた皇民党事件は国民の怒りをよびおこしたが、江戸時代から日本の権力がヤクザを利用してきたことも間違いない事実。

高山も『警鐘』で「戦後も、政治家や警察側のヤクザ活用は昭和三十八年まで続いた。その中でも、三池《みいけ》争議でのヤクザ動員による一大流血騒ぎや、第一次安保闘争下での大量のヤクザ動員ばなしなどは語《かた》り種《ぐさ》になっている。私らは捨身で協力している」「昭和二十一年、同二十二年頃には、七条署長の指示を受けて、警部補クラスの刑事が、会津小鉄の本部や図越元会長の自宅を訪れ、『いいにくいことなんだが、助けてもらえんやろか……』といって協力、助力を求めてきた」と書いている。

しかし、暴対法は日本の警察が伝統的に持っていた暴力団とのなれあいをもはや許さなくなった。

「警察と暴力団は、どこかでつながっているような気がして、いまひとつあてにならない」と、不信感を持つスナック店主の談話を「京都新聞」九二年九月五日付夕刊は載せている。いまなお多くの市民は「警察は本気なのか」と、じっと見つめているのだ。

八一年十月、警視庁から指名手配されていた図越利一（会津小鉄総裁）が、組員の葬儀に出席しているのを確認していながら取り逃がすという有名な〝失策〟を演じている府警であったからなおさらだ。

無法と暴力を職業とする犯罪集団＝暴力団を壊滅させるには警察が住民に信頼されることが前提であろう。

第三章　ＫＢＳを乗っ取った黒幕たち——福本邦雄《ふくもとくにお》・許永中《きょえいちゅう》・山段芳春《さんだんよしはる》氏の狙い

「ＫＢＳ京都」の略称で知られるテレビ・ラジオ局、近畿放送（京都市上京区《かみぎょう》）の社長に東京の〝超大物〟フィクサー・福本邦雄《ふくもとくにお》氏が就任、常務にも、竹下《たけした》前首相の女婿、内藤武宣氏が東京から迎えられた。そして、これらを取りしきったのは京都の〝黒幕〟山段芳春《さんだんよしはる》氏である。またその背後には、地下金脈を駆使した株買い占めで知られる許永中《きょえいちゅう》氏の影もちらつく。いったいＫＢＳ京都に何が起こっているのか――。

中曽根《なかそね》氏と三十年来の友人という福本新社長

「えっ、あの福本さんが京都の民放の社長に……。どうなってんの？」――一九八九年六月二十九日の近畿放送株主総会で福本氏が社長に就任したことを知って、東京の政・財界人は一様に驚いた。福本氏あてに届いた祝電は四百五十通にものぼったという。

福本邦雄氏。一九二七年生まれ。フジ・インターナショナル・アート社長。昭和初期、共産党再建問題で一世を風靡《ふうび》した「福本イズム」で知られる故福本和夫《かずお》の長男。東京・丸の内に画廊を構え、画商兼美術出版業を営む。

これが福本氏の表の顔なら、裏の顔は六つの政治団体の代表兼会計責任者として政治資金収支報告書にあらわれただけでも、年間一億円近い政治資金を動かしていることだ。

六つの政治団体とは、

▽南山会（中曽根康弘《やすひろ》）
▽登会（竹下登《のぼる》）
▽晋樹会（安倍《あべ》晋太郎《しんたろう》）
▽俯仰《ふぎょう》会（宮澤《みやざわ》喜一《きいち》）
▽とどろき会（渡辺《わたなべ》美智雄《みちお》）

などである。

「現首相と前首相、さらには次期首相候補と目される政治家のすべての政治団体を主宰し、金を集め、配っているのは政界広しといえど福本をおいてほかにはいない」（「毎日新聞」八九年一月十一日付）という。

サンケイ新聞記者から、岸《きし》内閣時代、官房長官・椎名《しいな》悦三郎《えつさぶろう》氏の秘書官に。椎名氏が通産相当時も秘書官。退職後、フジ・コンサルタントを設立、画商を始め、政財官界から野党、さらには右翼や暴力団にまで通じる豊富な人脈をつくる。

「政界を動物園にたとえれば、彼は入場券売り場のおじさんですな。いろんな人が動物たちにエサをやりたくて見物にくるけど、福本さんのところで切符を買わないと中に入れないいんだ」――朝日新聞社発行の「ＡＥＲＡ」八九年五月九日号で、彼と親しい政界関係者が語っている。

「竹下氏の私邸を、予告なしで訪ねることのできる数少ない一人」で、中曽根氏とは三十年来の友人。右翼の理論家、安岡正篤《やすおかまさひろ》氏の信奉者で思想的には中曽根氏に一番近いといわれる。

近畿放送が用意した福本氏の略歴にはこうした〝フィクサー〟としての活躍ぶりは書かれておらず、「サンケイ新聞社編集局付部長」から始まっている。

東大在学時代、日本共産党東大細胞の一員で学生運動の〝闘士〟だったという。西武セゾングループの総帥、堤清二《つつみせいじ》氏とは運動を通じて深い関係があったとも。

新たに取締役に加わった奇怪な顔ぶれ

もう一人、注目を集めているのが、福本氏が東京から連れてきて常務に就任した内藤武宣氏。一九三八年、福岡県生まれ。早稲田大学教育学部を卒業して、毎日新聞社に入社。政治部記者として、首相官邸や各省庁、政党などを担当、七二年七月に退社し、十二月の総選挙に福岡から立候補（落選）している。その後、福本氏のフジ・インターナショナル・アートの顧問、竹下派の「経世会」責任者や、同派の機関誌の編集をやっていた。竹下登氏の女婿として、中央政界では知られている人物。

このほか、元京都府警捜査二課にいた島田茂氏（五十九歳）が京都信用金庫法定《ほうてい》支配人の肩書で、元ダイエー総務担当で日本ドリーム観光社長の都築富士男氏（四十九歳）、例の国際航業乗っ取り事件で〝ナゾの暗躍〟をした「ウィング」の代表取締役・伊藤寿永光《いとうすえみつ》氏（四十五歳）、大阪の夕刊紙「関西新聞」の社長・池尻一寛氏（五十歳）、富士火災海上保険の葛原寛《くずはらひろし》社長（五十九歳）らが新たに取締役として加わった。

十九人だった取締役を定款《ていかん》を変えて二十六人に増やし、およそ京都や放送事業と関係のない人たちが集められたのだ。

事実上のオーナーとなったのは山段氏

福本氏をはじめ、これらの新役員を集めたのは、今回、ＫＢＳ京都の事実上のオーナーとなった山段芳春氏である。

山段氏は一九三〇年、福知《ふくち》山《やま》市生まれ。京都自治経済協議会理事長、京都信用金庫常任顧問、キョート・ファンド会長などの肩書を持つ。

「週刊朝日」が一九八一年十二月、「京都政財界の〝闇の帝王〟」と題して三回にわたって、この〝黒幕〟を暴いてみせた。

「その〝実力〟――京都全体を見えない網で覆いつくしているといっていい。京都の市政、金融、新聞、テレビ、そして警察、ヤクザにまで力は及んでいる」「舩橋《ふなばし》、今《いま》川《がわ》の二代にわたる市長のキングメーカーをつとめてきた」とし、人脈図をふくめ〝灰色の構図〟を詳しくレポートした。

四回連載の予定がなぜか三回で打ち切られたこと、京都信用金庫・山段氏側は告訴すると言いながら結局しなかったことなど、当時、京都の政財界はこの記事で持ちきりであった。

府議会や市議会でも、この記事が取り上げられ、追及された今川正彦《まさひこ》市長がKBSの監査役をやめるなど波及した。

あれから八年、山段氏の〝実力〟の低下が伝えられていた。それを覆すかのように起きたのが今回のＫＢＳ乗っ取り劇である。

ＫＢＳは八九年六月九日に二千万株（一株五十円、計十億円）の第三者割当増資を行い、資本金を十億円から二十億円に増やした。このうち一千二百万株（六億円）を引き受けたのが、山段氏が事実上経営するキョート・ファイナンス（湊和一社長＝ＫＢＳ取締役、キョート・ファンド取締役）である。当初、同社へは六百万株の割り当てしかなかった。しかし、協和綜合《そうごう》開発研究所（社長・伊藤寿永光氏、結婚式場「平安閣」経営。ＫＢＳ取締役に就任）が引き受けることになっていた六百万株について、「京都以外の企業がこんなに株を持つと必ず動乱が起きる」と山段氏サイドが異議を唱え、この分もキョート・ファイナンスが引き受けた。

このため、「当会社の親会社は、京都新聞社であり、同社およびその子会社で、当会社株式の五一・八％を保有している」（三月三十一日現在のＫＢＳ「会社の概況」）状況はくずれた。キョート・ファイナンスの持ち株比率が三〇％となり、京都新聞社の二〇％を一挙に追い抜いて筆頭株主となったわけである。

山段氏の影響下にある京都信用金庫（二百万株）、京都銀行（百万株）、関西新聞（二百万株）などを合わせると、ほぼ五〇％の株を山段グループが保有したことにな

〝山段ビル〟の一室にて

京都市中京区《なかぎょう》両替町《りょうがえまち》押小路上《おしこうじあが》ルに建つ、瀟洒《しょうしゃ》な三階建てビル。一階はキョート・ファイナンス、二階はキョート・ファンド（山段会長、坂根義一社長＝ＫＢＳ取締役に就任）、三階は京都自治経済協議会。つまり〝山段ビル〟である。三階の奥に山段氏の部屋がある。犬の剝製《はくせい》が置かれたこの部屋で山段氏に会った。

八九年春、病気をして以来、少々やせたというが、口から飛びだす言葉には迫力がある。

「まあ、これを見てんか」と二通の文書。一通は八五年六月三日付の「確約書」。京都新聞社筆頭株主の白石浩子氏（故白石英司の夫人）と同社長・坂上守男氏が「〝資本と経営の分離〟の原則に立ってお互い立場を尊重し、円満に事業をすすめる」ことを確約している。両者と立会人として双方の弁護士が署名捺印《なついん》している。山段氏も立ち会ったという。

もう一通の方は「お願い書」で八六年五月十九日付。京都新聞社の白石浩子会長、坂上守男社長、野村栄太郎専務、西村二郎専務、白石南海雄《なみお》副社長の五人の連名によるもので山段氏あて。「皇子《おうじ》山《やま》の物件処理およびＫＢＳ京都の正常化のためよろしくお願いいたします」と記されている。

当時、日本レースの手形乱発にＫＢＳの内田和隆社長が深くかかわり、五十億円とも七十億円ともいわれる債務保証（手形の裏書き）をしており、このままでは新聞社の経営にも影響するとして、新聞社側がＫＢＳを切り離すことを考え、山段氏に頼んできたものという。

キョート・ファンド

「（白石）浩子さんがイギリスへ行ってたり、坂上社長も、もうＫＢＳから手を引いたから知らんという態度で、筆頭株主でありながら無責任なので、ＫＢＳの内田社長に増資するように言い、倍額増資を決定した」

「京都の財界にはいまのＫＢＳを再建する人物は誰もいない。岡田一郎さん（京都銀行専務）にＫＢＳの会長を二年間やってもらったが何もできなかった。私を助けてくれ、と福本さんに頼んで来てもらった。ただ週一日しか京都に来られないので、片腕として内藤武宣氏を常務として迎えた」

依頼されてＫＢＳの正常化に乗り出す？

福本氏とは三十年来の知人という。東山・高台寺《こうだいじ》にある高級料亭「土井」。政界人のひいきが多く、古くは河野《こうの》一郎《いちろう》、岸信介《きしのぶすけ》、田中角栄《たなかかくえい》、福田《ふくだ》赳夫《たけお》氏らが京都に来ると、この料亭を利用した。また、関西財界人の親睦《しんぼく》会「十六日会」も、月一回、この料亭を会場に開かれている。

「土井」の女将と親しかった山段氏は、ここで椎名氏の秘書官だった福本氏と知りあったという。

「内田社長が手形を乱発し、あちこちの暴力団にも関係しているのを抑え、一方、京都の政・財界からの圧力をも牽制《けんせい》できるのは福本氏以外にはない。ＫＢＳは免許事業であり、公共の電波なのだから労働組合の理解も得て、府民のための番組をつくり、スポンサーもどしどしつけて、経営を安定させたい」

そのためにも、子会社である「ＫＢＳびわ湖教育センター」（ホテル・結婚式場）や「トラスト・サービス」（不動産）など放送以外の事業は、新たに取締役になったウィング（「平安閣」）や、日本ドリーム観光の協力でＫＢＳと切り離して整理していく構想を持つ。

つまり、京都新聞社の社長らに依頼されてＫＢＳの正常化に乗り出し、ここまできたというわけである。内田社長については「福本氏に協力するというので副社長として残した」（山段氏）という。

京信の「夜の理事長」の顔のきく範囲

なぜ山段氏がこのような力を持つのか。かつて「週刊朝日」は、山段氏を中心にした京都の政財界をめぐる人脈図を載せ話題を呼んだ。

京信の榊田喜四夫理事長（故人）に深く結びついたことをきっかけに、今日では京都銀行、京都信用金庫は山段氏と特別に密接な関係があることは周知の事実。京信の「夜の理事長」とも呼ばれている。政界では、自・社・公・民にそれぞれ山段派議員がおり、マスコミではＫＢＳ、京都新聞に強い影響力を持ち、法曹界では古永透（元

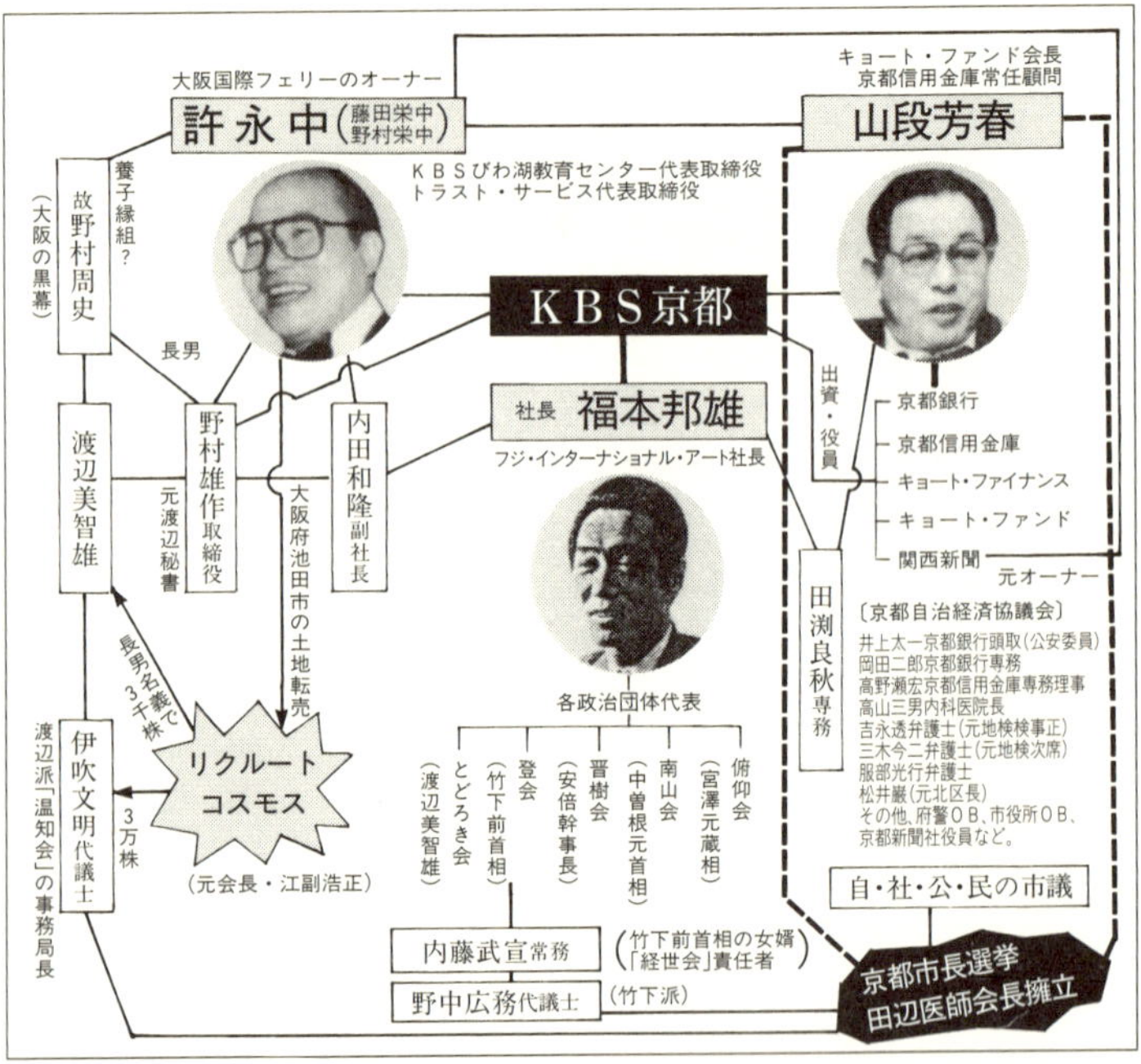

ＫＢＳを乗っ取った３人の黒幕関係図

京都地検検事正）、三木今二（元京都地検次席検事）弁護士など。そのほか医師会や労働組合幹部、ＯＢを通じて府警、市役所にもその情報網は驚くほどひろい。

警察官や市幹部職員の再就職の世話をマメに行う。高齢化社会にあって、退職後のことを考えると在職中から山段氏と接触し、情報を提供しておこうということになる。その情報が山段氏の手で生かされ、また再就職口が増えるというわけである。

暴力団にも顔がきく。会津《あいづ》小《こ》鉄《てつ》会（京都）、並木一家（東京）、住吉連合（東京）、松浦組（神戸）。

検察・警察・府・市のＯＢ約八十人を集めた「星峰会」という組織がある。名簿は公表されていないが、三木今二弁護士らを名誉顧問に、山段氏が常任顧問、吉永透、服部光行弁護士、岡田二郎京都銀行専務、高野瀬宏京都信金専務理事、高山三男高山内科医院長（キョート・ファンド取締役）らが役員に名を連ね、松井巌氏（元京都総評議長・北区長）が会長をやっているという。連合京都の幹部や労働運動ＯＢによる京都労働問題懇話会というのも組織され、月一回例会を行っているという。

ＫＢＳ京都

また京都自治経済協議会には、井上太《いのうえた》一《いち》京都銀行頭取らも役員として名を連ねていた。

山段氏を引っぱった（？）もう一人の黒幕、許永中氏

「いや、むしろ山段氏がＫＢＳの経営に引っぱり込まれたんですよ」――ある関係者が語ってくれた。引っぱり込んだのはもう一人の黒幕、許永中氏だという。

現在、野村栄中を名乗っているが、本名は許永中。本籍は韓国・ソウル特別市で、旧姓藤田栄中の名でも知られている。一九四七年、大阪市生まれ、大阪工業大学を中退、七九年に「寛永」の取締役、八三年に大阪国際フェリー（代表取締役・梶田允顕氏）の経営にオーナーとして参加。

八六年三月十八日、「日韓フェリー就航記念レセプション」が、大阪のホテルプラザで開かれた。大阪国際フェリーがオーナーの許永中氏の政治力で大阪―釜山《プサン》間を週二回往復する航路が実現したのを祝うパーティーである。会場には浜田《はまだ》幸一《こういち》代議士、元山口組最高幹部や、京都の有力暴力団組長も顔を出し、パンチパーマの男たちが大勢いて、一種異様な雰囲気であった。その中に当然、ＫＢＳ内田社長（当時）の顔も見られた。

許永中氏は過去、暴行、傷害などで四回も罰金刑を受け、八三年には山林売買をめ

ぐる恐喝事件で指名手配された経歴もある人物。盧泰愚《ノテウ》・現韓国大統領の親戚《しんせき》ともいわれ、「韓国内で行き場を失ったアングラマネーを引き受け日本で運用していた」という。

東京・兜町《かぶとちょう》や大阪・北浜《きたはま》でその名前を知らない者はまずいないほどの有名人。ここ数年、株式市場を騒がせては消えていった何人かの大物相場師とのつながりがうわさされている。日本レースの騒ぎでも、「営業所支配人」という風変わりな肩書で同社に乗り込み、「買い占めた側、買い占められた側の双方の当事者が今になって、『あの一件で誰がもうけたかといえば、やっぱりあの人だろうな』と舌を巻く動き方をした」（「ＡＥＲＡ」八九年五月二・九日号）。

野村周史という人物

八七年二月十三日付の「京都新聞」朝刊の社会面に、ある人物の死亡広告が載った。野村周史氏。東邦生命の代理店「東邦産商」を営んでいたが、岸昌《きしさかえ》・大阪府知事の後援会「昌蒲会」の代表として、社会党や大手労組と岸氏の間をつないだことで知られる黒幕である。

岸知事が葬儀委員長をつとめ、喪主は長男の野村雄作氏。許永中氏とは永年の親友で、八〇年五月には、渡辺美智雄氏（現自民党政調会長）の秘書になり、八四年にKBSの取締役に就任（渡辺美智雄氏の売名番組「いい人・E話」を企画し、電波の私物化として問題になったこともある）。

友人代表には、太田《おおた》清蔵《せいぞう》・東邦生命社長、渡辺美智雄氏、それに今回KBS社長になった福本邦雄氏が顔を並べる。

野村周史氏は、七九年ごろ、事業で失敗していた長男の雄作氏を「修業」させようとして福本氏に預けたことがある。ついでにいえば、雄作氏が渡辺氏の秘書になった八〇年五月、福本氏は渡辺氏を支援する政治団体「とどろき会」を設立、雄作氏が会計責任者だった。また三年後、野村周史氏が渡辺美智雄大阪後援会（通称「美山会」）をつくり、京都では内田氏が京都後援会を旗あげした。

許永中氏がKBSに結びつくのは？

野村周史氏に息子同様にかわいがられていた許永中氏（野村周史氏と養子縁組をしたとして、野村姓を名のる）が、初めて京都の産業界に顔を出すのは八三年ごろといわれている。

「近畿放送社長内田和隆氏の乗用車が追突事故を起こし、事故処理に現れたのが許永中氏」（『ドキュメント・地下金脈』かんき出版）ということらしい。そして、いつの間にか内田氏と許永中氏とは親密な間柄になる。

ちょうど許永中氏が京都に乗り込んできた時期に、京都新聞社に内紛があり、内田氏はその〝渦中の一人〟であった。白石浩子会長、坂上社長ら京都新聞社側から、ＫＢＳの内田社長に解任要求まで出されていた。

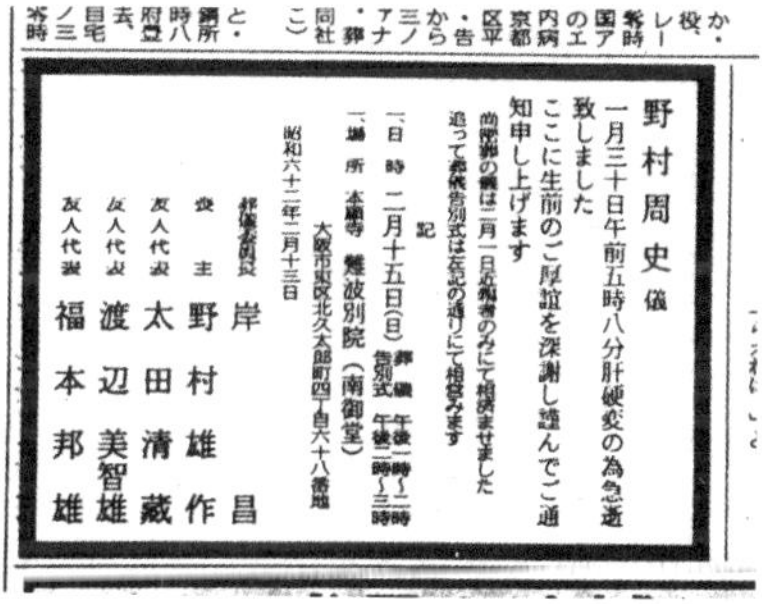
野村周史儀
一月三十日午前五時八分肝硬変の為急逝致しました
ここに生前のご厚誼を深謝し謹んでご通知申し上げます
尚密葬の儀は二月一日近親者のみにて相済ませました
追って葬儀告別式は左記の通りにて相営みます
記
一、日時　二月十五日(日)　葬儀　午後一時〜二時　告別式　午後二時〜三時
一、場所　本願寺　難波別院（南御堂）
大阪市東区北久太郎町四丁目六十八番地
昭和六十二年二月十三日
葬儀委員長　岸　昌
喪主　野村雄作
友人代表　太田清蔵
友人代表　渡辺美智雄
友人代表　福本邦雄

野村周史氏の葬儀・告別式を告知する広告

内田氏は許永中氏に助けを求める。内田氏は京都新聞・ＫＢＳの子会社であるトラスト・サービスの代表取締役も兼務していたが、この会社の代表取締役に許永中氏を入れたのが八四年七月である。

トラスト・サービスは当時、京都市山科《やましな》区厨子奥《ずしおく》花鳥町《かちょうちょう》の山林などを日本レースがらみで購入、四十一億円もの手形を近畿放送の裏書きで振り出していた。その後、許永中氏は、日本レースの株を買い占めていた三洋興産グループと日本レース、東朋企画との取引をまとめあげたという。

内田社長は許永中氏を「KBSびわ湖教育センター」の代表取締役にも就任させ、さらに八五年にはKBS内に経営指導や有価証券の売買を業務とする「コスモ・タイガー・コーポレーション」（代表取締役・内田氏）を設立、許永中氏は入っていないものの野村周史氏が監査役で入り、許永中氏の兄弟といわれる湖山平宇氏（日本レースの役員になったこともある）や、妻の藤田紀子氏、野村雄作氏をはじめ許氏のグループがズラリと顔をそろえている。

さらに、八八年、渡辺美智雄氏と深い関係のある「アイチ」が「京都銀行」の株の買い占めを行ったが、このなかでも許永中氏の名前がとりざたされた。

「関西新聞」もまた

「関西新聞」。今度、KBSの増資のうち二百万株を手に入れ、池尻一寛社長（元NHK記者）を取締役に送り込んだ。もともと許永中氏がオーナーといわれ、韓国色の強い夕刊紙である。毎日、ソウルで発行される「韓国日報」の記事を丸ごと日本語に訳して二ページにわたって載せたり、八七年には社屋の一階から三階までを〝高麗美術館〟にしていた。この新聞の京都支社が六月から中京区三条高倉上《さんじょうたかくら》ル東側に置かれ、毎日新聞の販売店を通じて宅配もできるようになったという。

この「関西新聞」の実質的なオーナーはいまキョート・ファイナンスだといわれている。京都新聞から局長クラスの定年退職者二人が入社している。

「関西新聞を山段氏に紹介したのは内田社長ですよ。もう三年も前のことです」とＫＢＳ関係者は言う。当時、関西新聞の社長をしていた御手洗英親氏（元京都新聞編集局長）は、山段氏によってやめさせられた。八四年六月から七月にかけてバラまかれた山段氏批判の怪文書（「京都新聞社・近畿放送を守る会」発行）が御手洗氏らの手によってつくられていた、という理由からである。

真の狙いは土地をめぐる利権

ＫＢＳの新経営陣の人脈を中心に紹介してきたが、まだまだ不透明なところが多い。なぜ、五十億円もの借金がある会社へこのような〝黒幕〟たちが乗り込んでくるのかについても疑問が残る。

福本新社長と堤清二氏の関係から、以前にも一度うわさが飛んだ「西武セゾングループによる乗っ取り」説。あるいは新首脳陣が右翼や自民党の大物ということから、京都を反動勢力の拠点にしようとしているとする陰謀説。

また、京都市長選で田邊朋之《たなべともゆき》・医師会長をかつぎ、ポスト今川への影響力を狙っている山段氏の力を誇示するための布石ではないか、と諸説が乱れ飛ぶ。

しかし、東京のジャーナリストの一人はこう指摘する。

「目的は京都の土地ですよ。とくに鹿島《かじま》建設から飛島《とびしま》建設へ所有権が移ったという河《かわ》原《ら》町二条《まちにじょう》の広大な土地、高島屋裏の一等地（駐車場）、西本願寺が所有する本圀寺《ほんこくじ》跡地、そして京都駅前の再開発の膨大な土地、みんな中央政界に〝直結〟する利権の温床ですよ」

ＫＢＳといういわば〝ボロ会社〟にこれだけ、いわくつきの人物たちが参入してきたのは、〝土地をめぐる利権〟をはずしては考えられない、というわけである。

公共の電波を流す放送局が、ドロドロした利権の巣となるとは信じられない話ではある。しかし、子会社の不動産会社「トラスト・サービス」や「ＫＢＳびわ湖教育センター」の代表取締役に許永中氏を置いていたことや、今回の異常な首脳人事をよく眺めてみると、この話の方が真実味をおびる。

「日本レースと並ぶ関西の地下金脈の〝牙城《がじょう》〟」と東京にまで鳴りひびいているＫＢＳは福本新社長のもと、正常化できるのか。番組の中味も含めて、いま注目を集めている。

第四章　〝地獄の特急便〟の錬金術

――佐川急便・佐川清《さがわきよし》会長の虚像と実像

日本一の給与所得者・佐川清《さがわきよし》会長の一声で毎月のように断行される大量クビ切り、給与引き下げ。飛脚マークの宅配便でおなじみの佐川急便を内部告発した本『病める飛脚』（エスプリ社）が明るみにした〝地獄の特急便〟の実態は衝撃的だ。佐川会長と佐川急便の虚像と実像に迫ってみた。

日本一の高給取りの金の使い道は？

関連企業を入れると年商五千七百八十三億円（一九八八年度）という佐川急便グループ。オーナー（清和商事会長）の佐川清氏（六十七歳）の所得税は五億六千八百万円（八八年）。妻の幸枝さん、長男・正明《まさあき》氏（清和商事社長）、二男・光氏（同取締役）の分を合計すると家族四人で、なんと約九億円も納税している。

ちなみに松下幸之助《まつしたこうのすけ》氏は六億六千万円、ダイエーの中内㓛《なかうちいさお》会長は五億七千万円である。

朝日新聞が「日本一の高給取り」は佐川清氏だと書いたことがある。それは、ほかの財界人と違って所得のほとんどが、給与による収入だからだ。

佐川氏の推定年収は十億円を超える。月給約一億円。

自宅は京都市左京《さきょう》区南禅寺《なんぜんじ》。二千六百平方メートルの敷地に、総ヒノキ、和風の家がある。部屋数十四、庭に人工河川と人工滝、来客の際は宮川町《みやがわちょう》から舞妓《まいこ》を呼び、仕出屋から料理をとってもてなす。

「ラムネ玉ほどのダイヤ（時価二億円）を紐《ひも》タイに仕立てて、気に入ったシャツを着たとき首にまきつけてみる」（佐川清著『裸一貫の帝王学』〈山手書房〉）。

写真手前左が佐川清会長、右隣は佐川正明社長

二ドアのロールスロイス、「気晴らし用」に、ロールスロイスのエンジンを積んだ特別製ジャガーを乗りまわす。乗り古した車は各営業店の店長にポイとあげてしまうというキップのよさである。

八四年には、フランスの古城を買い込み「CHATEAU　DE　SAGAWA」（サガワの城）と名付けたり、八九年現在では〝東北の小佐野《おさの》賢治《けんじ》〟といわれる福島交通の小針暦二《こばりれきじ》会長と組んでいわき市に「勿来《なこそ》VIPロイヤルカントリークラブ」というゴルフ場を建設中だ。

これだけではない。「佐川氏の〝実力〟は自他ともに認める〝日本一のタニマチ〟ぶりにこそある」(「週刊現代」八九年四月十五日号)

野球。前西武監督・広岡達朗《ひろおかたつろう》氏が社長をつとめるジャパン・スポーツ・システムが八八年秋買収した大リーグ「ミネソタ・ツインズ」のファームチーム1A「バイセリア」の費用数億円と、アリゾナに買うキャンプ地の費用のスポンサーは佐川氏。

佐川氏の長男・正明氏(三十九歳)が平安高校野球部出身ということから、息子をプロ球団のオーナーにするのが夢という。

相撲では先代・花籠《はなかご》親方と親交を結び、輪島《わじま》の有力タニマチでもあった。八六年引退した三杉磯《みすぎいそ》(現・峰崎《みねざき》親方)のタニマチで、年寄株取得に際しては一億二千万円を支払った。

八九年一月に東京・練馬《ねりま》に建った「峰崎部屋」の建物の登記は東京佐川急便の所有となっている。

芸能の世界では、もっとすごい。佐川氏本人が「オレが後援会長やってるのが二十六人いる」と豪語したほど。

橋幸夫《はしゆきお》、北島三郎《きたじまさぶろう》、千昌夫《せんまさお》、大川栄策《おおかわえいさく》、村田英雄《むらたひでお》、伊東《いとう》ゆかり、森進一《もりしんいち》にはじまって、森繁久弥《もりしげひさや》、森光子《もりみつこ》、中村扇雀《なかむらせんじゃく》、勝新太郎《かつしんたろう》と続くがどこまでの関係なのかはわからない。八二年には、橋幸夫を副社長にしたレコード会社「リバスター音楽」を設立したが、いまだに年間数億円の赤字続きという。

渥美二郎《あつみじろう》が「夢追い酒」を出したとき、佐川氏は三万枚を買い、得意先に配り、ひいきのクラブには、一時間ごとにこの歌を流すよう命じた。松竹新喜劇の藤山寛美《ふじやまかんび》座長から十億円もの切符を購入して、約二億円のリベートを受けとっていたことが税務調査で明るみに出たこともあった。

八〇年秋、延暦寺《えんりゃくじ》に東塔《とうとう》をそっくり寄進した。回廊と合わせて、十九億五千万円。この寄進は、関連子会社に無理やり割り当てられたというが、これ以後、天台座主《てんだいざす》の山田《やまだ》恵諦《えたい》師は「佐川交通社会財団」の理事となり、社内報に毎号寄稿している。

佐川会長の豪邸（左京区南禅寺）

一千億以上を株式市場へ投入

それだけに脱税の方もケタ違いだ。八六年、国税庁の集中税務調査を受け、五年間で六十億円にものぼる申告漏れが摘発された。利益を他名目で申告したり、決算期の違うグループ内の会社に利益を移動させたり、子会社の株価を異常に低く見積もったり、という方法が〝ズサンな経理処理〟とされ、約三十億円の追徴金を課せられた。

佐川印刷の二億五千万円については〝悪質〟として京都地検に告発されている。

佐川急便グループは七七年にも、三年間で約二十億円の脱税を摘発され、起訴された佐川清会長は法人税法違反で有罪判決（執行猶予付き）を受けている。

「派手に金をバラまくが、自分の財布からじゃない。書画骨董《こっとう》の類《たぐい》を買い漁《あさ》り、タレントを取り巻きにして喜ぶ。信用するのは血の繋《つな》がった人間だけ。〝税金〟と名のつくものは、出来ることなら払わずに済ませたい」――「フォーカス」（八六年七月四日号）が、佐川氏の〝成金趣味〟を皮肉ったが、当たっているというべきだろう。

もう一つ注目されているのは、佐川氏が一千億円以上の資金を株式市場へ投入していること。主な銘柄は東京ガス、新日本製鉄、石川島播磨重工業《いしかわじまはりまじゅうこうぎょう》（ＩＨＩ）。佐川銘柄といわれるのには冨士工、三菱鉛筆、東亜ペイントなど。場で買って場で売りぬけるやり方で、あとが残らないようにしているが、〝仕手軍団〟の一つとして証券関係者から徹底的にマークされている。

株の利益は、当然、政治家へのヤミ献金に使われていよう。同郷の田中角栄《たなかかくえい》元首相、小沢辰男《おざわたつお》元厚相とは古くから親交があり、福田赳夫《ふくだたけお》元首相、斎藤邦吉《さいとうくにきち》元幹事長らとも知友の関係。とくに、運輸族に派閥をこえて献金し、そのおかげで、無茶が通ったのだと業界内部でいわれている。

十六歳で飛脚屋に

佐川清氏。一九二二年、新潟県板倉《いたくら》村の庄屋《しょうや》の家に生まれ、小学校のとき母親に死に別れ、継母とのソリがあわず、十六歳で家出。尾道《おのみち》の「丸源」という〝飛脚屋〟に転がり込む。ここで、のちに佐川急便を始めるキッカケとなる飛脚の心得を体得。

終戦後は、立川《たちかわ》基地の工事を出発点に、トビ職を中心とした土木職人の「佐川組」を率い、各地を転々。五五年、京都市下京《しもぎょう》区東洞院七条下《ひがしのとういんしちじょうさが》ルに家を買い、奈良県五《ご》条《じょう》の発電所工事や、亀岡《かめおか》、綾部《あやべ》の橋梁《きょうりょう》工事などの下請けをしていた。

一九五七年、京都で妻と二人、自転車二台で「飛脚業」を開業。電車などを利用して大阪と京都を何回も往復、注文の小荷物を小まめに運び回っていた。

この佐川急便が今日のように急成長したのは、大手トラック業者が手をつけていなかった宅配に目をつけたからである。運転手一人だけで集荷、配達、集金、市場開拓のいっさいをやる。コカ・コーラの〝セールスドライバー方式〟と同じやり方である。

元社長が明かす〝錬金術〟の秘密

『病める飛脚』という本が話題をよんでいる。副題に「佐川急便を検証する」とあるように、内部告発の書である。佐川急便については『佐川急便残酷物語』『残酷佐川急便商法』(ともにエール出版社)など外から取材した本は出ているが、内部からのものは初めて。しかも、著者の濱田洋祐氏(三十八歳)は同社の傘下会社「松山佐川急便」の元社長だけに生々しい。

濱田氏は二十四歳のときトラック運転手で入社し、ガムシャラに働いた結果、三十三歳で「秋田佐川急便」の社長に抜擢《ばってき》され、三十五歳で郷里愛媛県の「松山佐川急便」の社長に就任したものの八八年十月、佐川会長からクビにされる。

佐川急便の給料基準

	1人当たり取上高	ドライバー初任給	店長手当	店長給料
主管店	240万以上	66万（68万）（70万）		
	240万未満	65万		
末端店	145万以上	66万	64万	130万
	140万以上～145万未満	64万	61万	125万
	135万以上～140万未満	62万	53万	115万
	130万以上～135万未満	60万	45万	105万
	125万以上～130万未満	58万	35万	93万
	120万以上～125万未満	56万	25万	81万
	115万以上～120万未満	54万	15万	69万
	110万以上～115万未満	52万	10万	62万
	105万以上～110万未満	50万	8万	58万
	100万以上～105万未満	48万	7万	55万
	100万未満	46万	5万	51万

佐川急便グループの〝錬金術〟の秘密は何か。濱田氏が一千万円をつぎ込んで自費出版したこの本にはその内幕が詳しく書かれている。

八八年十月、佐川急便グループ百社を統括する清和商事から全国の佐川急便グループに次のような通達が出された。「ドライバー給料・店長給料について」と題し、「八月、九月二ヵ月間の実績をもとに、下記の給料基準で十月分給料から実施する」というもの。

つまり、各店の従業員一人当たりの取上高によってドライバーの給料を算定、ドライバーの給料にもとづいて店長の給料を決定するというもので、たとえば一人当たりの取上高が百三万円だったとすると、ドライバーの給料は四十八万円で、店長の給料はこれに店長手当七万円を加え五十五万円となる。

そして、この通達から五ヵ月後の八九年二月下旬、佐川会長は「ドライバーの給料が六十万円未満の実績しかあげられない店長は全員降格、または辞めてもらう」と言いだした。

全国百五十八店中、ドライバーの給料が六十万円に満たない店が、なんと百十一店にのぼる。その店長を〝血まつり〟にするというわけである。

このような降格、解雇はいまに始まったことではない。八八年一年間だけでも二十五人の店長が突然解雇、五人が降格されている。たとえば彦根《ひこね》の店長は竜王《りゅうおう》店のドライバーに降格された。解雇者には、京都店長、福知山《ふくちやま》店長、栗東《りっとう》店長、佐川エクスプレス常務取締役（京都）らが含まれている。

当然、給料のアップ、ダウンも激しい。京都北店長は百十万円だった給料が八八年八月から七十万円に下げられてしまった。

佐川急便の給料は、「高給」といわれている。果たして本当か。濱田氏が秋田店長から松山店長に赴任した八七年二月当時、松山店のドライバーの給料は四十二万円であった。勤務時間は午前六時から午前零時ないし午前一時。一日の実働時間が十八時間から十九時間という恐るべきものである。

まさに一般労働者の二日分以上である。ドライバーの最高給料は六十六万円だが、午前七時〜午後九時の十四時間労働としても、残業時間を正規に計算して差し引くと約三十四万円となる。

しかも、佐川急便には手当が全くない。夏・冬の一時金（ボーナス）はもちろん、家族手当、通勤手当、住宅手当といったものがゼロなのだから、とても高給どころではない。その上、事故を起こせば毎月給料から一部を差し引かれる。

毎年、四十人も交通事故で死亡

八八年二月に九千八百五十三台所有していた全国の佐川急便のトラックは、十ヵ月後の十二月に千四十三台増えて一万八百九十六台となったが、対するドライバーの数は同時期たったの四百八人増。全体で一万四千四百六十二人しかいない。

超過重労働のもとで、ドライバーの定着率は低下し、社員の非行が増える。八八年一年間で表面化した社員の懲戒免職は百十六人、うち四十二人が業務上横領、使い込み、窃盗。二十三人が業務上重大事故、飲酒運転、暴力行為などである。

「当世〝飛脚便〟労基法違反、19時間働かせ死亡事故も――松山佐川急便摘発」――愛媛の地元紙にこんな見出しの記事が載った。松山佐川急便では、八三年二月から翌年三月までの間に四件五人の死亡事故を起こしたという。

「佐川会長は『佐川交通社会財団』を設置し、交通遺児のために奨学金制度をつくりました。奨学金を贈った交通遺児から感謝状が届いたといって、社内報に大々的に報じたり、得意になっています。ところが、その陰で、毎年、四十人も交通事故で死亡させているんです」

それは、倍のトラックを所有する「日本通運」の四倍の数だと濱田氏は言う。

八七年十月、中京佐川急便知多《ちた》店の店長とドライバー一人が覚醒剤《かくせいざい》を暴力団員から買って使用していたとして逮捕された。店長は、ドライバーたちが「仕事がきつく、体にこたえる」と言っているのを耳にし、疲れをいやしてやるために覚醒剤を入手した、と供述した。それほど佐川急便の労働はきついのである。

清和商事の実態

佐川急便グループは、役員や監査役、顧問、参与、参事などさまざまな肩書で三十人もの警察ＯＢが雇用されている。「警察ＯＢの力を借りて、辛うじて職場規律を保っているのが佐川急便グループの実態」である。

年商四千百四十一億円（八八年）、従業員一万九千人の佐川急便グループを統括する「清和商事」は京都市下京区烏丸通《からすまどおり》仏光寺《ぶっこうじ》下ルにある。建設、印刷、出版、保険などの企業も持っているが、大部分は佐川急便、つまり運送業である。この会社の七割近くの株を持っているのが佐川清、正明親子だ。

輸送料金は「集荷」「幹線輸送」「配達」で三等分されるが、佐川急便の場合は「集荷」と「配達」をそれぞれ末端店（一部主管店）が行っている。その配分が各二六％、残り四八％を清和商事がとっている。

清和商事はこの四八％の中から「幹線輸送」を担当する佐川急便以外の関連会社などに支払うわけだが、その額は全く明らかにされておらず、濱田氏は、「二六％ないし二八％」とみている。したがって、年商四千億だと単純計算で八百億円もが清和商事に〝上納〟されるというわけだ。

しかも、グループの傘下会社が不法運送業者として陸運局や労基局に摘発されても、清和商事は無キズでいられる。

物流企業の申告所得ランキングでは、東京佐川急便が前年比五九％増で西濃運輸《せいのううんゆ》を抑えて二位（一位は日通）となった。売り上げ八百十一億円で、佐川急便グループ全体の五分の一強を占める。それだけ〝力〟を持っているということで清和商事は「各主管店を細分化して〝力〟を抑えようとしている」という。

このため今年二月、九州佐川を南と北に分け、さらに中国・四国を統轄する中国佐川を中国、四国の二つに分けた。そしていま東京佐川の分断を狙っているといううわさである。

社員が期待する摘発の手

このように、清和商事が絶大な力を持っているのは、同社が持ち株会社であるからだ。社長の佐川正明氏は子会社のうち主要とみられるすべての企業の取締役で、清和商事が株を所有している。

佐川急便グループが必要とする印刷物、車両、備品、ガソリン・軽油、制服などすべて清和商事を通して購入する仕組みになっている。これを通じて入る清和商事の利益も莫大《ばくだい》なものであろう。

　ここに〝佐川錬金術〟の秘密があった。いわば、ドライバーに苛酷な労働を課し、店長らをとことんしぼりとる機構が「清和商事」である。

　この清和商事に君臨する佐川会長が八八年、山中温泉で突然倒れたという。救急車で病院へ運ばれたというから、同席していた宮川町の芸者連も驚いたことだろう。

　佐川会長にとって、後継者である長男の正明社長の統率力が気になる。もちろん会長のようなカリスマ性も、迫力もない。自らの健康状態と、佐川急便の将来を考えると眠れない夜もあるに違いない。

「構内事故で怪我《けが》人が出ると、従業員たちは陰で『死ねばよかったのに……』とつぶやく――。そんなことが、よく店長仲間で話題になった。重大事故が発生することで、佐川急便に労働基準監督署や陸運の調査、摘発の手が入ることを期待する声が異常なほど強くあるのだ」

　濱田氏は「従業員たちにそんな気持ちを抱かせない職場づくりが、長い間の私の望みであった」と〝あとがき〟に書いている。

日本通運と並ぶ、日本の運送業界トップクラスの企業になった佐川急便が、かつての〝飛脚屋〟と同じ労務管理であっていいはずがない。また、このままではいつか破《は》綻《たん》するときがくるだろう。

第五章　得体が知れない崇仁《すうじん》協議会の力と金

崇仁《すうじん》協議会（藤井鐵雄委員長）。「得体が知れない」と誰もが首をかしげている。彼らはまず、材木町《ざいもくちょう》の土地を根こそぎ買い占めた。湯水のように金を使い崇仁地域でボランティア活動を展開してもいる。高いギャラの芸能人を呼んだイベントもやっている。いったいその豊富な資金はどこから流れてくるのか。いくつもの顔を持つ彼らの正体はいったい何なのか——。

熱心な広報活動の裏で

不思議なことに、崇仁協議会のさまざまな活動は、マスコミによく取り上げられる。京都新聞はもとより、全国紙もＮＨＫも取り上げ、最近では写真雑誌「フォーカス」や「週刊新潮」も記事を掲載した。

実際、広報活動は実に熱心だ。彼らの機関紙「崇仁環境新聞」（崇仁環境新聞社発行）は毎月一回、タブロイド六〜八面仕立てで少しでも彼らにかかわったなら、必ず無料で送られてくる。事業案内や各種催し物のチラシなどの発行、配布もよくやっている。マスコミ関係へのアプローチも欠かさない。その甲斐《かい》あってのことかと思うと、実際は「取り上げないと、われわれの運動に協力できないのか、とうるさいんですよ」と某紙の記者。
「週刊新潮」の記者が崇仁協議会を訪れたときなど、二日間にわたって約十時間も引き止め「まあ、私らのやっていることを見てください」と延々とビデオを上映し続け、彼らなりの理念を訴えたとか。

とりあえず、批判的な記事にはなかなかお目にかかれない。崇仁協議会を批判して活字になったものに「京都民報」（新聞）、『京の花いちもんめ』（単行本、つむぎ出版）、「部落」（雑誌）などがあるが、そうなるととたんに崇仁協議会は牙をむく。些《さ》細《さい》なことを取り上げて、大挙して押しかけたり、脅迫に近い言動をはく。崇仁地域で配られる全解連七条《しちじょう》支部の機関紙「解放の道」で崇仁協議会を扱ったときにも、関係者宅に深夜二時ごろ押しかけている。

崇仁協議会の各種発行物

（ここで、本稿が関係者の証言を扱うときその多くを仮名にすることをご了承願いたい。貴重な証言をいただいた方々を恫喝《どうかつ》の対象とすることはできない）

脅しと億単位の金で消えた材木町の家々

マスコミに取り上げられ有名になりつつある崇仁協議会の姿を描くとき、やはり材木町から始めなければならない。

北は七条通、南は塩小路通《しおこうじどおり》、西は東洞院通《ひがしのとういんどおり》、東は高倉通《たかくらどおり》に囲まれた一角に材木町がある。ここに五千二百五十三平方メートルの土地を持っていた長楽寺が、サンセイハウス株式会社（藤井鐵雄代表）に土地を売り渡したことから材木町の悲劇が始まった。

一九八六年九月ごろから材木町の家々に、スーツ姿の男たちがやってきて立ち退きを迫るようになり、少しでも難色を示し、各方面に相談し対策を立てようとした家には、脅迫電話がかかり、「刑務所に入るつもりになったら何でもできるんや」などの脅しが続いたという。深夜にペンキがぶちまけられるという嫌がらせもあった。このあたりの惨状は『京の花いちもんめ』に詳しい（崇仁協側は、「ペンキをぶちまけるようなことはなかったし、また、その必要もなかった」と否定している」。

住民のほとんどはノイローゼ状態にさせられた。

その一方で住民の前に提示されたのは、アタッシュケースや段ボールに詰められた億単位の現金。見たこともない札束を前に次から次へと立ち退く者が出た。結果、五十軒といわれた材木町に現在残っているのは二、三軒。京都駅間近の一等地に、約八千五百平方メートルほどの更地ができあがったわけだ。

買い占められた材木町の土地

ところが藤井鐵雄・崇仁協議会委員長自身が関係者に語ったところによれば「これは第一次計画にすぎない」。現在の材木町の更地の南側から塩小路通にかけて、さらには京都駅に向かって、「第二次、第三次と計画している」という。
話を不親切につないだようだ。材木町を買い占めた「サンセイハウス」も崇仁協議会も同じ穴のムジナである。堀川通《ほりかわどおり》綾小路《あやのこうじ》下《さが》ルの四条堀川ビル（このビル、持ち主の三洋土地から明け渡しの訴訟が起こされている）に

崇仁グループ

崇仁協議会	委員長	藤井鐵雄
サンセイハウス㈱	代表取締役	藤井鐵雄
㈱共同開発	代表取締役	石高嘉昭
崇仁パラソル㈱	代表取締役	田中和司
㈶日本花の会京都支部	支部長	堀口富三男
崇仁環境新聞社	社主	冨田　勝
崇仁都市開発㈱	代表取締役	西岡啓治
㈱京都環境開発	代表取締役	松居義明
崇仁IHC	無料英会話塾塾長	原田景子
子供を交通事故から守る会	会長	有馬治男
崇仁ＳＣリサーチ	代表者	亀井　隆
崇仁寺		

は「サンセイハウス」をはじめ共同開発、崇仁パラソル、崇仁環境新聞社、京都環境開発、崇仁ＳＣリサーチなどが入居。別掲の表の通り、崇仁グループを形成している。

崇仁地区ですすむ土地買い占め

崇仁協議会の土地買い占めは、これだけにとどまらない。彼らの活動の基盤としている崇仁地区は、全国的にも屈指の大都市同和地区。この北部にある小《こ》稲荷町《いなりちょう》（材木町の東隣）、郷之町《ごうのちょう》、下之町《しものちょう》で彼らの土地買い占めがすすんでいる。買い上げた土地・家屋は彼らのボランティア活動の拠点・事務所になっている。「崇仁の町づくりを進める会」の事務所（小稲荷町）は民家を買い上げ、老人への入浴サービスや小集会ができるように改造してある。上之《かみの》町《ちょう》には「崇仁寺」「崇仁ワールド産業」、郷之町には「崇仁国際交流クラブ」「こどもの城」「崇仁ＩＨＣヒューマンスクール」などが開設され、学習塾、夜間保育、英会話教室がすべて無料で行われている。

奇妙なことに、これらの事務所、彼らの活動の拠点は、京都市が策定した「京都駅北東地区市街地整備基本計画」（八二年十月）の再開発地域をとりまくように置かれている。

大型プロジェクトと軌《き》を一《いつ》にしたスージータウン

八九年三月十九日の日曜日、西武プリンスホテルの隣、国立京都国際会館会議場の周りには、黒いスーツの男たちが立ち並んでいた。会議場に向かって歩けば、その男たちが「ご苦労さまです」と慇懃《いんぎん》に礼をする。

会議場のなかでは「『京都・崇仁地区』都市開発に関するシンポジウム」が開かれていた。主催したのは崇仁協議会とスージータウン開発委員会。藤井鐵雄委員長が訴えた。

「われわれはエセではない。利権のための運動ではない。住民自身の運動である」

「貧困と差別の続く崇仁地域を救うには、民間企業の活力を導入するしかない」

「そのためには、改良住宅地区指定をとりはずさなければならない」

「京都の玄関口を解放すれば、全国三百万人の人々を解放することになる。日本の夜明けを京都から始めよう」

この日発表された「スージータウン」なるプロジェクト、町は原形を全くとどめていない。ホテルや商業施設などの高層ビルが建ち並ぶ予想図が描かれ、そこに住んでいた住民は「良質の高層住宅」に移り住む構想だ。

報告した茶谷幸治、木原卓也の両氏とも「電通」出身。パネラーとなった山本達哉氏は山本・西原建築設計事務所の代表で、京都経済同友会の「建都１２００年京都活力化への提言」（八三年三月）のなかでは「特別プロジェクト委員」の一人として紹介されている。

高まる京都駅周辺の再開発熱のなかで

いま、京都を席巻している大型プロジェクトの原点はこの「提言」にある。今日の地価高騰、地上げ・底地買い、ビル・マンションラッシュが「提言」の内容にそってまき起こっている。ちなみに「建都１２００年京都活力化特別プロジェクト」の総合ディレクターは塚本幸一《つかもとこういち》・京都商議所会頭。「西武代理人」の異名をとり、幾重にも規制がかけられ小屋一つ建てることのできなかった宝ケ池《たからがいけ》に「京都サミットを開催するために」と西武プリンスホテルを建設させた「功労者」が塚本会頭である。

その塚本会頭が座長となってすすんでいるのが「京都駅改築協議会」による京都駅改築計画。百三十一メートルの超高層ビルにして屋上にはヘリポートを備える、などという構想が出されている。さらに塚本会頭は京都駅の南側に「京都経済センター」(仮称)を建設するという腹案を発表している。現在の松下興産の所有地を中心にして高さ九十メートルと七十メートルのツインビルを建てるという構想だ。もう一つ、塚本会頭はこのあたりに市庁舎を移転すべきだ、と田邊朋之《たなべともゆき》市長に提言している。

これだけ華々しい再開発の構図が描かれているところへ、京都駅北東部の巨大な再開発計画が、崇仁協議会の手で提案されたわけだ。そのブレーンは、前述の通りのメンバー。崇仁協議会の言う「民間企業の導入」とは、これらの一連の動きを崇仁地域に持ち込むことにほかならない。

民間による開発のために京都市の矛盾を突く「訴訟」

崇仁協議会のこの構想を実現させるには現在、大きなネックがある。「改良事業地区指定」がそれだ。これによって、地区指定された地域は、住宅の新築・改築一つとっても知事の認可が必要となる。崇仁協議会が土地を買い占めて、民間企業の誘致をはかっても、ここで頓挫《とんざ》する。

八五年九月、京都市は小稲荷町などの崇仁北部を「改良事業地区指定」し、八六年三月、事業計画が認可された。

「おかしな話なんです」と部落問題研究所の山本敏貢氏は言う。「小稲荷町は私たちの調査でも良住宅が八割近い。地区指定されるには相当厳しい基準があるのですが、京都市はどうやってそれをクリアしたんでしょうね」と首をかしげる。

関係者の話を総合すると、八七年三月に同和行政の法的根拠となっていた地域改善法が期限切れになる前に、「とりあえず地区指定して、期限が切れても残事業にしてしまう」という意思が働いたようだ。何といっても同和事業であれば三分の二の国庫補助がつく（一般事業は二分の一）。

崇仁協議会はたくみにそこを突いている。彼らは「一円訴訟」なる訴訟を国と京都市を相手どって起こした。「市が実施してきた住宅地区改良事業は、地区住民への差別を固定化、再生産している」として、国家賠償法にもとづいて改良事業が中止されるまで、原告一人につき一日当たり一円ずつの慰謝料の支払いを求める、というものだ。彼らの準備書面のなかでも「『劣悪な住宅環境』にあるとは思えず（中略）、住宅改良事業を実施する必要があったのかどうか、極めて疑問である」などとしている。

住民の声を無視してすすむ改良住宅事業と再開発計画

京都市の崇仁地区に対する政策、ごたぶんにもれず、住民の意思は反映されていない。

八二年十月、京都市は「京都駅東北地区市街地整備基本計画」を策定・発表し、崇仁地区北部を京都駅周辺地域全体の発展に寄与すべき地域として位置づけた。つまり、文化・観光・商業施設用地として崇仁地区北部を再開発しようというものだ。ということは住民の住む場所はなくなってしまう。で、京都市は十一階建ての改良住宅を建設している。

（ここで読者はお気づきのことと思う。市の計画が前述のスージータウン・プロジェクトの内容と酷似していることを）

崇仁地域に住み、「崇仁まちづくり懇談会」の事務局長として、住民自身のまちづくりをすすめている野々口正吾氏は語る。

「ここはね、交通の便もいいし、四条あたりで一杯飲んでも歩いて帰れる。何といっても戦後の闇市時代、ここが京都の飢えを救ったくらいで、物価も安い。みんな、ここに住み続けたいんですよ。それには別に十一階建ての改良住宅でなくていい。中低層の住宅をつくって、ちょっと並び変えたらきれいな町になりますよ」

こんな住民の声を無視して、京都市は崇仁北部地域を先行買収している。十一階建ての改良住宅も、鴨川《かもがわ》に沿って二棟目が建設中だ。前出の部落問題研究所の山本氏は言う。

「結局、十一階建てに住民を押しやって、空いたところに文化・商業ゾーンをつくろうというのが京都市の計画。京都駅周辺の一等地を再開発するために、そこに住みたいと願う住民の意思を無視して追い出すことに、いまの京都市政の本質があります」

鴨川沿いに壁のように建つ11階建ての改良住宅

京都市の悪政を利用して

こうした京都市の悪政を、崇仁協議会は徹底的に突く形で立ちまわっている。そして「われこそは、京都市の悪政に苦しむ住民の代表である」との大義名分をまとうために、その力を傾注している。マスコミに熱心に売り込むことしかり、ボランティア活動しかり。ただ京都市は八九年一月二十四日、崇仁協議会が市住宅局住宅改良事業室に乱入し、部長を四時間半にわたり監禁したことをもって、崇仁協議会に対する窓口を閉鎖している。そこで崇仁協議会がやったことは「第二自治会」の結成。八九年四月一日、市内各同和地区から五百人余の住民を北陸の温泉に招待し、その場で「新・崇仁自治連合会」を結成した。

しかし、いくら「大義」を立てようと、彼らには絶えず不透明さがまとわりついている。

巨額脱税事件で分裂した組織幹部が設立した崇仁協議会

もともと崇仁協議会は「崇仁同和協議会」と名乗り、八六年ごろから活動を開始した。設立の中心になったのは元全日本同和会府連合会副会長の高谷泰三郎氏。全日本同和会といえば、組織的な脱税事件で世論の非難を浴びたことは記憶に新しい。この高谷氏が全日本同和会洛南《らくなん》支部長時代、藤井鐵雄氏が洛南支部に飛び込んでいく。ここで藤井氏は人生観を変え、二十歳のころ結成した暴力団「内浜会」を解散し、崇仁協議会の設立に加わったようだ。このあたりの事情は藤井氏の半生の記録『不死鳥の翼を持つ男　鉄』に詳しい。

この藤井鐵雄氏、前科を隠そうともしない。「週刊新潮」のインタビューにこたえ、「入ったり出たり、都合十五年は刑務所で勉強してきました」と言い、住民に対して配布した「住民の手で同和の解放を」と題する文書のなかでも、切々と訴えている。

「私は過去の過ちにより約十五年の刑務所暮らしをして参りました。そしてヤクザな情熱をのみ持ち生きて来た己を反省し人生とは如何《いか》に人の為《ため》に生きるかと云《い》う事をしみじみ考えさせられました。

そして（中略）部落問題集という一冊の本を差し入れて頂き、それがきっかけとなりありとあらゆる（中略）書をこの十五年の獄中で読ませて頂き始めて自分の生いたちの貧しかった事とヤクザな世界へ入った愚かな生き方を反省させられました。

（中略）そして、三年前ヤクザから足を洗い自分の生きる道を自分を拾い育ててくれ

河原町七条東南角の看板

た七条崇仁地区の差別と貧しさに居る人達の為に一生を捧げて行こうと誓い（後略）」
（すべて原文のまま）

いま崇仁協議会は、この藤井鐵雄委員長のキャラクターを最大限に生かした運動展開を図っているようだ。最近は創設当時、会長の肩書を持っていた高谷氏は全然表に出ていない。

だから、次のような「住民の皆様へ！」と題する文書が八八年秋ごろに配られたりもする。

「最近、私達崇仁協議会や住民の方々の活動に水をさすような心ないデマ・中傷が、横行しております。その一つは、崇仁協議会の指導体制にいかにも影響力があるような人物が、存在するようなことが吹聴されておりますが、（中略）そうしたことは事実無根であります。崇仁協議会は発足より今日まで一環《ママ》して、委員長　藤井鐵雄を中心に活動を推進してまいりました」

意外な人脈と見えざる「力」、そして「金」

崇仁協議会の人脈には、驚かされることが多い。たとえば、石高嘉昭崇仁協議会事務局長の父親の葬儀（八八年二月十日）では二階堂進《にかいどうすすむ》元自民党副総裁、宇野宗佑《うのそうすけ》外相、林田悠紀夫《はやしだゆきお》法相、山下元利《やましたがんり》、谷垣禎一《たにがきさだかず》、伊吹文明《いぶきぶんめい》各衆議院議員、山口淑子《やまぐちよしこ》参議院議員らのしきびがズラリと並んだ（役職は当時）。

こんな情報も耳にした。崇仁協議会との間でイザコザが起き、ある暴力団幹部を間に立てて収めようとしたとき、その暴力団は会津小鉄《あいづこてつ》会傘下の有力団体であるにもかかわらず、足踏みした格好になったという。いったい暴力団の大物幹部を足踏みさせる力とは何か。疑問は尽きない。

まだ、最大の疑問が解決されていない。

「いったいどこにそんな金があるのか」という疑問だ。

材木町の土地は三・三平方メートル当たり少なく見積もって一千万円。約八千五百平方メートルだからざっと二百六十億円。「サンセイハウス」は銀行への利子だけでも仮に三％としても年間八億円近くを払わなければならない。

さらに崇仁協議会のボランティア活動は金のばらまきだ。横断歩道で児童の通学時に旗を振るだけで、月二十万円支払われるという。崇仁地区で葬式があれば必ず十万円の大金を香典として包む。弁当は無料で配る。材木町の広大な更地で行われる夏まつりには大物タレントを呼んでくる。もちろん住民は無料でタレントのショーを見ることができる。常識では考えられない「ボランティア」だ。

崇仁地区での土地買い占めも、京都市の提示する額の十倍を提示してすすめているという。

これらの金の出所について、藤井鐵雄委員長は「一声かければ二、三十億の金を貸してくれる銀行はなんぼでもある」と関係者に豪語したことがある。「崇仁環境新聞」によれば「材木町開発事業については、協議会の趣旨に賛同いただいた篤志《とくし》家《か》（東京）の融資であり、その他の活動資金は、協議会自ら事業をしており、崇仁グループ・一〇事業所の収益を社会福祉活動に還元しております」（八八年六月二一―五日付）。

いったいどこの銀行や企業が儲《もう》けにつながらない金を貸すであろう。現在、「東京」で公《おおやけ》に名前が出ているのは「徳武」。材木町の土地はサンセイハウスに渡ったその日付で「徳武」が売買予約の仮登記を行っている。この「徳武」はサラ金大手の「武富士」のダミーにほぼ間違いない。

いずれにせよ、いくら崇仁協議会が「藤井鐵雄委員長の人徳で崇仁地域を解放しようと活動する住民の代表だ、バックなどない」と言い張ってもこの不透明なところがある以上、「得体の知れない団体」でしかない。

いや、長々と見てきたことで得体の知れたこともある。財界の京都駅周辺再開発計画と軌を一にした開発計画を、住民が望んでいるという図式を演出しながら、自ら買い占めた土地で繰り広げようとしていること。それが実現すれば巨額の利益が舞い込むであろうこと。それを正体不明の「力」と「金」で押しすすめようとしていることである。

崇仁協議会と京都市が和解？

もう一つ不思議なことがある。「やまと新聞」なる児玉誉士夫《こだまよしお》の流れをくむ右翼団体の発行している新聞がある。この八九年十一月十七日付は崇仁協議会を大々的に取り上げ、藤井委員長を褒めあげ、「住民の要求通り、民間活力を導入して開発すべし」と提灯記事を並べている。

そして驚くべきことに「同地区の線引き撤廃を求めてきた崇仁協議会（藤井委員長）VS国・京都市との訴訟問題も双方の歩み寄りから、まもなく和解終結の方向へ。来春には、地区指定も撤廃され、その後、京都市、同協議会との話し合いのなか、民間活力導入による『京都崇仁地区の街作り』がスタートする見通しとなってきたことが関係者の証言で明らかになった」としている。これはいったいどういうことか。

崇仁地区（京都）の悲願実現へ!!
国・京都市との確執に終止符
改良地区指定 来年春には撤廃
具体化する新しい街作り
崇仁協議会の運動が奏功
歴史と未来とを調和
民間活力導入し再開発

「やまと新聞」89年11月17日付

もっとも財界の意を受けた京都市の開発計画は住民を鴨川沿いの高層改良住宅におしやり、京都駅周辺の再開発をやろうというもの。前述のように、崇仁協議会のプロジェクトも似たりよったりである。京都市住宅改良事業室は「そうした事実はありません」と否定するが、あながち「誤報」とはいえないかもしれない。

第六章 〃京都最後の一等地〃の奇怪な動き

——光進・小谷《こたに》逮捕で疑惑が噴出

「国際航業株事件、小谷《こたに》『光進』代表逮捕で大型経済事件に発展!?――相対取引《あいたいとりひき》の『飛島リース』に株価操作共犯〝背任〟の疑いも」のあとに「〝京都最後の一等地〟で新たな火ダネ」という見出しをつけて報じた新聞（「東京中日スポーツ」一九九〇年七月二十三日付）があった。京都市中京《なかぎょう》区河原町二条上《かわらまちにじょうあが》ルにある大駐車場。ホテルフジタ京都に隣接するこの土地の〝再開発〟がらみで仕手集団「ビデオ・セラー」が「藤田観光」株を買い占めたのがもともとの発端という。そして、いまこの土地は「飛島リース」が所有している。国際航業株事件であらためて注目を集めている河原町二条の土地をめぐる奇怪な動きを緊急レポートする。

「シティ・センター京都」の社長は「飛島リース」の社長だった

京都に残された最後の一等地。それは確かに中京区河原町二条上ル清水町《しみずちょう》の五千八百四十九・七八平方メートルの土地（現在は駐車場）であろう。河原町通りに面したこの広大な土地はシティ・センター京都（資本金一億円、中京区寺町通御池《てらまちどおりおいけ》上ル、日宝御池ビル内）が所有している。社長の大井幸雄は、大手建設会社「飛島《とびしま》建設」の子会社「飛島リース」の社長である。

今回の仕手集団「光進」・小谷光浩《みつひろ》の「藤田観光」株価操作に協力したのはこの「飛島リース」であった。小谷は株価がピークに達した九〇年四月二十四日、約六百万株を市場を通さない相対取引で「飛島リース」に売却。翌日、株価は五百円も急落し、「飛島リース」は約三十億円の損失を受けている。しかも、「不正操作直前に『飛島リース』が大量の藤田観光株を事前に小谷に譲渡していたなど株価操作に協力していた疑いも出ている」（「京都新聞」九〇年七月二十日付夕刊）という。

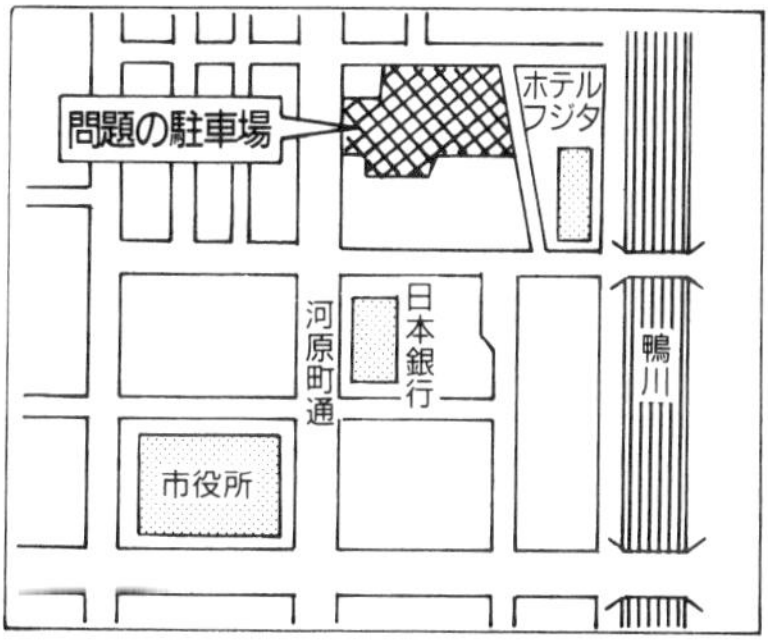

問題の駐車場周辺図

「飛島リース」は「藤田観光」の株を一〇％以上も持つ大株主であると同時に「ホテルフジタ京都」の隣接地の所有者でもある。

大井幸雄が、「シティ・センター京都」の社長に就任したのは八八年。「飛島リース」が「藤田観光」の第三位の大株主になったのが八九年六月二十八日。そして、どういうわけか、その前日（六月二十七日）「飛島リース」は親会社「飛島建設」の株を別の子会社に売却、有価証券報告書上の連結決算の子会社から離れている。

このことは、「飛島建設」は、その有価証券報告書にいっさい、「飛島リース」についての記述を載せる必要がなくなったということを意味している。これは「藤田観光」株の買い占めなどを秘匿《ひとく》しなければならないことがあったからであろう。

八六年から八七年にかけて小谷は「藤田観光」株などを買い占めている。同じころ、「飛島建設」の株が仕手筋に狙われた。小谷は、同社の飛島章《とびしまあきら》社長に面会を求め、「コスモポリタンがそちらの株をたくさん持っているが、いまなら私が買い戻せる」と持ちかけ、「飛島」が買い戻しを頼むと、一週間後に段ボール箱に株券の現物を詰めて持ってきたという（「ＡＥＲＡ」九〇年六月五日号）。

小谷と「飛島」の関係は深い。「飛島リース」が「光進」小谷社長を〝救済〟しようとしたのには複雑かつ奇妙な歴史と背景がある。

もとは「京都新聞」「近畿放送」の「トラスト・サービス」が所有

ここで、問題の河原町二条の土地がどのような変遷をたどってきたか、かいつまんで書いてみる。

もともとこの土地は、「京都新聞」＝「近畿放送」の故白石英司が設立した「トラスト・サービス」が所有していた。七六年三月から二年間、京都新聞系企業がここに大テントを張り、レーザーリアムなる興業をやり、七億円ともいわれる赤字を出したこともあった。その後、この土地は「買い戻し条件付き」ながら「名古屋鉄道」（本社・名古屋市）の所有になった。

八三年一月、ガンで死んだ白石英司は、〝音協〟や〝日本文化財団〟をつくるなど〝文化〟が好きだった。河原町三条《さんじょう》のカトリック教会の敷地を借りて建てたロイヤルホテルも当初はオペラハウスを構想していたぐらいだ。

河原町二条の土地にもホテルの下に〝市民劇場〟をつくることを夢みていた。「トラスト・サービス」社長で「近畿放送」社長、「京都新聞」取締役でもあった内田和隆はこの土地を買い戻すため奔走する。しかし、業績不振から金融機関の協力が得られず、大手建設会社に目をつける。もし河原町二条の土地を買い戻し、そこにホテルを建てるとすれば、建設会社は必ず協力すると踏んでいたからである。そして、京都新聞社が京都市とタイアップして「市民劇場」をホテルに併設する構想のあることもにおわせていたという。実際、京都市の某助役（当時）が、内田から相談を受けていた。

ホテル業界ではヒルトン、建設業界は鹿島《かじま》建設から色よい返事があった。バックに京都新聞社がついているということも安心感を与えた。名鉄には、「バス業界に顔のきく政界実力者」が話をつけた。

鹿島建設会長や金丸信《かねまるしん》、謎の人物まで登場して

「シティ・センター京都」が設立されたのは八四年二月。そして同年四月にこの土地を五十八億円で買収している。資金は「鹿島リース」が融資した。河原町二条の土地を買うために設立されたこの会社の営業目的は、ズバリ、ホテル経営、不動産管理業。設立時の取締役には「鹿島建設」の会長石川六郎《いしかわろくろう》(日本商工会議所会頭)、筆頭副社長原明太郎など大物も名をつらねていた。

一方、「トラスト・サービス」から内田和隆、小林富三郎の両代表取締役が発起人、代表取締役などで参加。さらに、大物政治家金丸信や、浜田《はまだ》幸一《こういち》とラスベガスへ行ったという謎の人物・小川吉衛が発起人、代表取締役などで登場している。

そして、土地買収後二ヵ月で、鹿島関係の石川、原が取締役を、トラスト関係の内

田が代表を辞任。新たに鹿島関係から和田伝次郎（鹿島リース専務）、松本寿臣（鹿島・京滋営業所次長）が、それぞれ取締役、監査役に就任している。

もう一人大物がいた。「東朋企画」代表取締役河野通廣である。河野は金丸の筆頭秘書・生原正久《はいばらまさひさ》と前後して、取締役に名をつらねる。そのころ、河野は東朋企画から日本レースの社長に送り込まれていたのである。

「シティ・センター京都」は、この土地を担保として「鹿島リース」（本社・東京都港区）から約七十億円もの融資を受けていた。これらは白石英司の残した借財の返済などにもあてられたという。

日本レース、近畿放送の手形乱発事件もからむ

「トラスト・サービス」内田和隆代表取締役に対する告発状がある。告発人は八五年一月まで内田とともに代表取締役であった小林富三郎（小林興産代表）である。同年五月二十七日付のこの告発状によると、「被告発人（内田）は、一九八四年五月十九日、近畿放送社長室においてトラスト・サービスの経理担当者を呼び出し、近畿放送社長の権限を利用しての命令により、実際は坪当たり一万二千円の京都市山科《やましな》区厨子《ずし》

ホテルフジタから見た河原町二条の土地

奥花鳥町《おくかちょうちょう》の山林二万坪をあたかも坪当たり十二万円するかの如《ごと》く装い、約束手形十八通計十八億円を振り出し交付させて、これを騙取《へんしゅ》した。さらにつづきの分ということで、五月二十一日に五億円、同二十八日に十四億円、六月二十九日に四億円を振り出し交付させて、これを騙取した」とあり、「今回の巨額の手形振り出しにより『トラスト・サービス』の存在を危うくさせ、また右手形には近畿放送の裏書がなされており、特別背任罪にも該当する」としている。

「シティ・センター京都」が設立され、河原町二条の土地の所有権がこの会社に移ったころ、「京都新聞」「近畿放送」では大変な内紛が起こっており、「近畿放送」の内田社長は「京都新聞社」側から解任要求までされていた。一方、「日本レース」では仕手集団「三洋興産」による乗っ取りに抗して同年九月以降百億円もの手形を乱発している（第三章参照）。

山科区の土地は、もともと「阪神開発」（藤田隆史社長）という会社が持っていたもの。それが「アーデル建設工事」(のち「岡本建設」)をへて「トラスト・サービス」、そして「日本レース」、「恒栄建設」へと渡るが、最初の「阪神開発」と最後の「恒栄建設」の代表取締役はともに藤田隆史である。

山科区厨子奥の山林を「トラスト・サービス」が買ったのは、河原町一条の土地がらみだとされている。この土地を〝超一流〟にするには、二条通に面する法雲寺《ほううんじ》を移転させる必要があった。そのための代替地として山林は用意された。ところが「日本レース」問題が表面化し、この話もご破算となった。

飛鳥に丸ごと買われた「シティ・センター京都」

ヒルトンホテルと「トラスト・サービス」の内田社長の交渉は京都商議所会頭・塚《つか》本幸一《もとこういち》らもまじえ、八七年末までは続いていたといわれる。しかし、結局、ヒルトンはこの土地にホテルを建てる話に乗らなかった。

そして、この土地は八八年二月、「鹿島リース」から「飛島リース」に事実上の所有権が移る。その方法は「シティ・センター京都」という法人をそっくり「飛島リース」が買い取る形で行われた。この土地につけていた「鹿島リース」の抵当権本登記および仮登記がすべて同年一月二十七日付で抹消された。そして、役員も大井幸雄「飛島リース」社長が代表取締役になるなどすべて「飛島リース」の人間に入れ替わった。

要するに土地の所有者そのものは「シティ・センター京都」で変わらないのだが、その会社がそっくり「飛島リース」のものとなったのである。こういう〝法人売買〟方式により、国土利用計画法による届け出義務はなく、不動産取得税や登記料などいっさいかからないまま「飛島」は「鹿島」が持っていた土地を手に入れたのだ。さすが、これには大阪国税局も目をつけ、半年間にわたって金の流れについて関係会社すべてを調査したという。

バックに〝裏世界の帝王〟東邦生命・太田《おおた》社長

「鹿島」→「飛島」の移譲には仲介者がいた。それは「東邦生命」社長の太田清蔵《せいぞう》である。だまされたような形で河原町二条の土地を持たされていた「鹿島リース」は、渡りに船とばかり、手放した。そのとき、次の持ち主については聞かされてなかったという。あとでそれが同業の「飛島リース」と知って、「鹿島建設」の原副社長は

「それならウチで持っていたのに」と怒ったという。

その直後からの地価の猛烈な高騰、いまごろ「鹿島」は地団駄《じだんだ》を踏んでいるに違いない。「飛島建設」といえば、田中角栄《たなかかくえい》と結んで日本の土木建設業界の「談合組織」をつくりあげた政商。かつて滋賀・京都を舞台にした「上田建設事件」のときにも名前があがり、その後も「飛栄産業」など子会社を通じ地下金脈の利権に関与している。

1990年(平成2年)7月23日(月曜日)
小谷「光進」代表逮捕で
大型経済事件に発展
国際航業株事件
「京都最後の一等地」で新たな火ダネ
相対取引の「飛島」株価操作共犯
360度

事件を報じる新聞

太田清蔵は、「金融業の暴れん坊」とか「裏世界の帝王」などと呼ばれている生保業界の異端児。「近畿放送」の現社長・福本邦雄《ふくもとくにお》とも親しい。「日本レース」が「三洋興産」に株を買い占められたとき、仲介役として登場、片腕の河野通廣が代表取締役をつとめる「東朋企画」を使って、京都新聞・近畿放送もからんだこの騒動の後始末をしたことで有名になった。「シティ・センター京都」の役員にも河野を送り込み、最後には、問題の河原町二条の土地を「飛島リース」に渡したのである。「東朋企画」は、東京千代田区の飛島ビル内に事務所を置き、田中角栄にわざわざ目立つナンバー、品川33－1111のベンツを提供していたこと、また渡辺美智雄《わたなべみちお》代議士と関係が深かったことでも知られていた。

ホテルフジタに高く買わせる算段か

「藤田観光」の株価がジリジリと上がり始めたのは八三年夏ごろからである。株価が四百円台を抜き一気に走り始めると、出来高もうなぎ上りに増え始めた。

フタを開けてみると、仕手筋の「ビデオ・セラー」が八三年十二月末で、なんと五百三十万株を集めていたのである。一躍「藤田観光」の親会社である「同和鉱業」に次ぐ第二位の大株主になった。このため当時、「ビデオ・セラー」と三洋興産はウラで組んで河原町二条の土地を隣接する藤田観光（ホテルフジタ）に高値で買い取らせようとしている」とうわさされた。

ところが、八五年十月、「ビデオ・セラー」の高橋博会長が〝謎の急死〟、「藤田観光」株はその後、「コーリン産業」（現「光進」）、「東急電鉄」、「テーエフシー」、「飛島リース」と転々と奇妙な転がりを続けていた。そして、今回の「光進」小谷光浩逮捕へと展開する。

「背景に河原町二条の土地がからんでいる」と指摘するのは東京のあるジャーナリスト。「ホテルフジタが激しい京都のホテル戦争に生き残る道は、河原町通まで拡張する以外にない。『藤田観光』にとってはノドから手が出るほどほしい土地なのである。これを知って『飛島リース』は『藤田観光』株を買い占め、この土地を『藤田観光』に高く売りつけ、工事は『飛島建設』がやるという算段だ」というわけ。

時価五百三十二億円にも

これに対して、京都の事情通は別の見方をこう語る。「『名鉄』はいまも河原町に面した一部を所有しており、『飛島』と某生保会社と名鉄の三者が共同でホテルを建設する話がすすんでいる。すぐ南の京都ホテルの高層化計画が認められたら、すぐ計画を具体化するつもりだ」

生命保険会社は「東邦」とみて間違いない。いまや、京都市民の知らないところで、京都のまちの大改造の相談がすすめられているのだ。

規制緩和による総合設計制度の導入で都心部の地価は一挙に上がったという。ちなみに、河原町二条の土地の時価は三・三平方メートル当たり三千万円として、五百三十二億円にもなる。もはや最大手しか手が出せない。東京資本による京都食い荒らしはますます激しくなろうとしている。

第七章　「建都千二百年」にかける塚本幸一《つかもとこういち》商議所会頭の内憂外患

塚本幸一《つかもとこういち》氏。京都商工会議所会頭・ワコール会長。戦後ブローチの行商から始め、年商千二百億円の婦人下着トップメーカーを築きあげた立志伝中の人。しかし、七十一歳という年齢のせいもあってか、このところ表情がさえない。ワコールの業績不振に加えて、京都ホテル問題で仏教会の〝標的〟にされ態度を豹変《ひょうへん》するなど、執念を燃やす「建都千二百年」への道は、まだまだイバラが続きそうだ。

京都ホテル問題で二転三転の発言

「京都ホテルをめぐるゴタゴタに巻きこまれたことは、塚本さんにとって最大のダメージ。〝いったい何を考えてはんのや〟〝あんだけ大恥かいてんのにようう記者会見しはるわ〟ともっぱらのうわさ」とある経済人は言う。そううわさされるほど、ここ数ヵ月の塚本氏の発言は二転三転している。

ことの発端は、京都仏教会が四月初め、金閣寺《きんかくじ》など観光寺院七ヵ寺の門前に立てた看板。「京都ホテルの建設許可に疑惑あり」「京都の歴史的景観を売り渡した」と書きたてられたうえ、田邊朋之《たなべともゆき》市長や小谷隆一《こたにりゅういち》副会頭と並び名指しで非難された。

田辺市長が「何をおっしゃりたいのかよくわからない。ここは宗教家の気持ちになりたい」とサラリとかわしたのに対し、塚本氏の激怒ぶりは普通ではなかった。
一九九一年四月末の定例記者会見でもその怒りは爆発した。「わずかな金で景観を売り渡したというような文句であたかも収賄行為があったかのように書かれるのは断じて許せない」「立て看板を撤収するよう会頭、副会頭名で抗議文を送った。返事がなければ告訴も考えている」「仏教会は実体は七人。参謀が西山（正彦＝不動産業）であることは明らか。ここでひと問題でっち上げて相手を怒らせようとの腹が見える作戦」と顔を真っ赤にしながら一気にまくしたてた。

もちろん京都ホテルに対して計画の見直しを求めたような跡は、この時期に全くない。改築コンペの審査会が近づいていたJR京都駅と経済センターを引き合いに出し、「京都駅をゼロメートルとすると御池通《おいけどおり》は十八・八メートル高い。駅が六十メートルだと、京都ホテルより二十メートル低いビルになってしまう。経済センターは京都駅より二十メートルは低い必要があり、駅が六十メートルに抑えられると経済センターは京都ホテルより四十メートルも低くなる」とあちらこちらで解説している。少なくとも四月末まで、塚

塚本幸一会頭

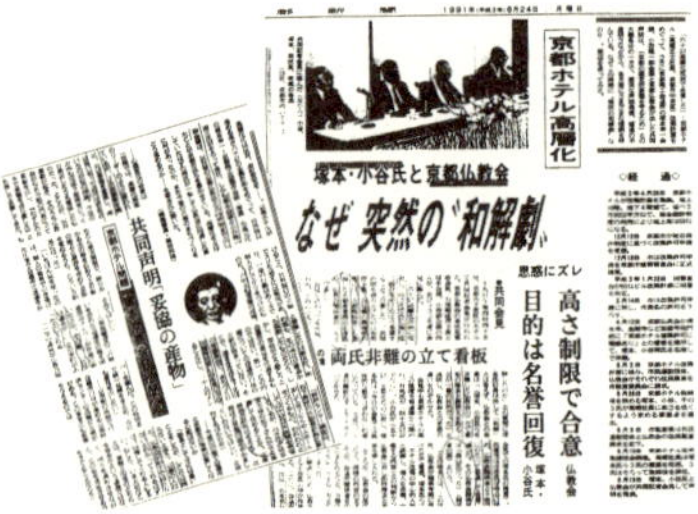
京都ホテル高層化
塚本・小谷氏と京都仏教会
なぜ突然の〝和解劇〟
高さ制限で合意
目的は名誉回復
両氏非難の立て看板
共同声明「妥協の産物」

突然の〝和解劇〟を報じる新聞

本氏の頭には「京都ホテルは六十メートル」しかなかった。

急に「景観擁護派」に

ところが、六月に京都ホテルの取締役を辞任してから、急に「景観擁護派」へと変化してしまう。同月十九日の仏教会との共同声明では、ほんの二ヵ月前に見せた勢いがウソのような静けさだった。

「仏教会から謝罪してもらい立て看板を撤去してもらったので、誤解がなくなった。それでよかった」と、告訴も考えたいと叫んだ勢いはどこへやら。「総合設計制度自体、発足当時に反対すべきだった。六十メートルに賛成してきたわけではない」とも発言。京都駅や経済センターの高さを持ち出してまくしたてていたころとは百八十度の方向転換。「舌の根も乾かないうちにと言うが、まさしく塚本さんのことを言うのかね」とある地元記者はあきれて漏らす。

ところがこれが塚本氏の本心でないことは明らか。有馬頼底《ありまらいてい》・仏教会理事長が「京都ホテルは四十五メートル」、小谷副会頭が「五十メートルぐらいが適当」と詰すやいなや、横から割ってはいって、「いまの発言はルール違反。具体的な数字には触れないことになっていた。私は数字について言わない」とかみつき、仏教会からの謝罪についても「まだこれでも釈然としない。腹にすえかねている」と憮然《ぶぜん》とした表情を最後まで変えなかった。

「できもせん大風呂敷《おおぶろしき》ぶちあげるだけ」

「塚本氏の態度急変」をめぐってはさまざまな見方が出ている。塚本氏の京都商工会議所会頭としての力量と再選問題を理由にあげる人が意外に多い。

「塚本さんは大風呂敷ばかり。できもせんことをぶちあげるだけで、ちっとも地元の利益になっていない」との意見。とくに老舗が多く、零細中小企業の多い観光部会の会員にはこんな声が強い。

塚本氏が会頭就任以来ぶちあげてきた構想は、とかく全国ネタが多かった。大嘗祭《だいじょうさい》やサミットの京都誘致、リニアモーターカーの京都乗り入れ、百二十メートルの経済センター設立……。

「出てくる名前も豪華そのもの。亡くなった東急の五島《ごとう》（昇《のぼる》）さんやサントリーの佐《さ》治敬三《じけいぞう》さん、それに西武の堤義明《つつみよしあき》さん。しかし大物の名前をちらつかせるわりには、実現したものは一つもない」（地元観光業者）

古都税もしかり、そして今回の景観問題もしかり、地元の観光関連業者の首をしめるような方針が目立つ。「塚本さんのやり方は信用できない」との声が公然とあがるようになったのはここ一、二年のことだ。このあたりでそろそろ会頭を交替してもらわなければ……との声が塚本氏自身の耳に入っていないわけはない。

〝反塚本ライン〟の動きも活発化

塚本氏が会頭のイスにしがみつきたい理由は「平安建都千二百年」。九四年を会頭で迎えるには、次の会頭選挙を乗り越えねばならない。しかし会議所内部からでも「このまま観光業界を敵にまわしては、再選は難しい」との観測が飛んでいる。ましてや「門を閉める」と脅しをかけてくる仏教会の動きに企業が敏感になっているいま、塚本さんを下手に担いで古都税の二の舞を踏むのはご免との思いは意外に根深い。

また会議所内の〝反塚本ライン〟の動きも活発だ。井筒八ツ橋社長の津田佐兵衛《つださへえ》氏、ハトヤ社長の岩井栄太郎《いわいえいたろう》氏はその急先鋒《きゅうせんぽう》。塚本おろしは日をおって激化している。

KBS京都をめぐる動きに対しても津田、岩井両氏は敏感に反応している。KBSの経営に色気を持っているダイエーが塚本氏に接触。「きちんと整理されればやってもいい」との意向を持つ塚本氏が、ダイエーのKBS参画の露払いを演じる恐れが浮上。「ダイエーと塚本に京都の電波を牛耳られてはたまらん」とガードを固めたと伝えられている。「これ以上京都で好き勝手はさせん」との思いが、仏教会の狙いとうまくかみ合って〝急変劇〟が演じられたとの声も強い。

古都税騒動でも翻弄《ほんろう》されたのに

ここで思い出されるのが、古都税騒動。市と仏教会の対立が硬直化していた八五年春、塚本氏のもとに仏教会の黒幕西山氏が訪れた。「おっさん、あんたを男にしてやるで。今度の古都税問題、あんたの顔で解決してやる」

いきなりこう言われ、半信半疑だった塚本氏も、数日後、仏教会の東伏見慈洽会長、松本大圓理事長を連れてこられ、すっかり西山氏を信用してしまった。塚本氏の長女・真理さんと西山氏の妻が親しい友人であったことから二人は以前から面識があった。

塚本氏は、西山氏と十回以上も会い、僧侶《そうりょ》たちとも密談を交わした。しかし、市長選を目前にして「このままでは共産党市長が出現する」と、解決をあせる塚本氏に西山氏は見切りをつけ、大宮隆・京都商議所副会頭のルートに切り替える。

「塚本は少なくとも、三十八歳の青年に翻弄されただけであった」と、雑誌「現代」(八七年十月号)は書いた。いままた京都ホテル問題でも西山氏が操る仏教会の軍門にくだっているのである。

足元のワコールにも〝アキレス腱《けん》〟

そして塚本氏は、足元のワコールにも〝アキレス腱〟を抱えている。四年前に、長男の能交《よしかた》氏(四十三歳)に社長を譲り、自らは会長としてもっぱら外の仕事に専念。「ワコールの経営に関してはほとんど社長に任せっきり」と公言してはばからない。

しかしいまのワコールは大番頭の池野啓爾専務と会長の塚本氏の二人で支えているというのが経済界のおおよその見方。大黒柱の下着部門が、後発のセシールやシャルレに食われっぱなし。九　年三月期、ワコールは四年ぶりに営業減益に転落した。しかも七十五億六千万円は前年度比三〇％のダウン。下着王国ワコールの危機がささやかれるゆえんである。

そこから抜け出すために二代目社長が手を出した新規事業は少しも芽を出さない。自動車の設計やヨーグルト販売、メンズアウター、婦人靴、ユニフォーム、ブライダルウエアなどすべて投資ばかりがかさみ、赤字のまま。「これ以上の負担には堪えられない。すでに子会社のヨーグルトショップは撤退した。これ以外にも撤退するものを考える時期に来ている」と中堅幹部が語る。

就任五年目、いまだにこれといった功績をあげていない若社長に社内の不満がつのっている。一億円の車を売り出すなど思いつきだけともいえる若社長の経営責任を問う声さえ出始めている。塚本会頭にとっては、「とても二代目に任していられない」というのが、本当のお家の事情であろう。

詐欺まがいの西武ホテル誘致

塚本氏といえば西武鉄道の堤義明氏の代理人として果たした役割も記憶に新しい。塚本氏自身が九〇年二月、京都地裁で証言したところによると、八〇年ごろ、堤氏に招かれ会食した際、「父親の夢の中でなしえなかった京都進出をぜひやりたい」と持ちかけられ、東山の京大和《きょうやまと》と土井《どい》をホテル用地として紹介するなどしたが、「破談となり、堤さんには申し訳ない気持ちだった」。そこで持ち出したのが「京都サミットのためのＶＩＰが泊まれるホテル」。

八六年に日本でサミットを開催することになるや、八三年から〝京都サミット〟実現にただならぬ情熱を燃やした塚本氏は「京都誘致の成否は国立国際会議場付近に宿泊施設を建設できるかどうかに絞られてきた感じだ」と記者会見。商議所会頭に就任したばかりの八三年四月十五日のことである。

ところが外務省に問い合わせると「どこにするかなどいっさい決めていないし、大臣がうなずいて聞いていたということのようです」というコメント。警察庁は最初から警備上の理由で東京以外は不可能という意向であったし、関経連の日向方斉《ひゅうがほうさい》会長も、わざわざ記者会見し、「サミットの京都誘致には賛成できない」と水を差していた。初めから京都サミットの実現など可能性がなかったのである。

しかし、京都市は国際会議場の北西側の市有地約二・八ヘクタールを市価の三分の一で西武鉄道に払い下げ、第二種風致地区、歴史的風土保存地域、公園指定、市街化調整区域などさまざまな規制を〝サミット〟という特例で解除して、西武のホテルは建てられた。

「京都財界がサミット誘致のためにと市有地を払い下げさせて（巨大ホテルを）建てることになり、今年一月建築確認が下りたんですが、その後まもなく京都サミット誘致推進協議会は解散の意思を決めている。しかも、ホテルはこちらが承知してないのに国立京都国際会館付帯宿泊施設と称してる。詐欺としか言いようがないではありませんか」――国立京都国際会館の設計者である大谷幸夫《おおたにさちお》・東大名誉教授は「毎日新聞」（八五年八月六日付）で怒っているが、まさに塚本氏がやったことは詐欺そのものである。

天皇利用の〝活性化〟論にも厳しい批判

「日本の骨格をつくった平安建都から千二百年の一九九四年はすぐ。天皇陛下に京都

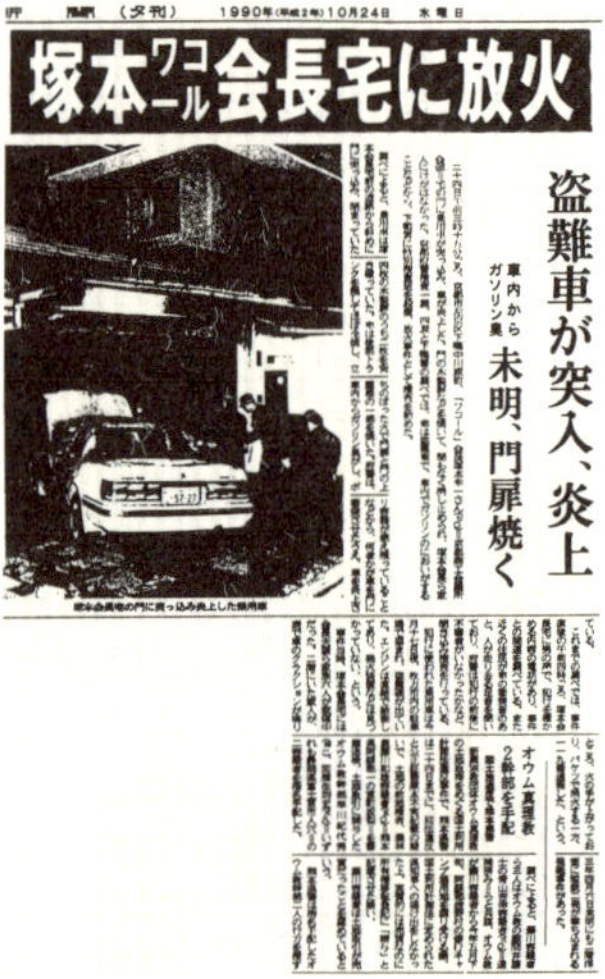
1990年（平成2年）10月24日　水曜日

塚本ワコール会長宅に放火

盗難車が突入、炎上

車内からガソリン臭　未明、門扉焼く

「京都新聞」90年10月24日付夕刊

にお帰りになっていただければ、画《が》竜点睛《りょうてんせい》になります」

京の都を〝文化首都〟と位置づけ「還都論」をぶちあげる。塚本氏の信念である。「皇居を移転し、道州制を施行して地方の活力を」とも言う。「京都には新宮殿を造営する。そこでイギリスのバッキンガム宮殿の衛兵交代にならって、検非違使《けびいし》の交代儀式を見せればいい」「ご大典《たいてん》・大嘗祭は京都で行うべきだ」という運動も繰り広げてきた。こうした天皇を利用しての京都活性化論については右翼からも「不謹慎だ」と批判され、塚本氏一人がはしゃいでいるようにみえる。「京都に文化庁を持ってくるという内容の〝遷都論〟を展開しているが、あれだってどこまで本気なのか」（「週刊新潮」八八年四月二十一日号）なんて言われて、からきし信用がないのである。

家族内のトラブルも深刻な状況に

左京区《さきょう》下鴨《しもがも》の塚本邸。庭が賀茂川《かもがわ》に面している閑静な高級住宅地である。ところが八八年四月六日未明、二階洋室に短銃二発が撃ち込まれる発砲事件があった。九〇年十月二十四日未明にも燃える乗用車が門扉に突っ込み、門扉が焼ける事件が起きた。相次ぐ物騒な出来事に周辺の人たちは震え上がった。

警察は暴力団の手口とみて捜査をしたが手がかりはつかめないまま。

内から、外からと心配ごとの多い塚本氏にとって、プライベートでもあまりよいうわさはない。暴力団による発砲、放火事件も家族の問題が原因と伝えられている。家族内の不和が公然と外に伝わるのも並の状態ではない。「家族内のトラブルで決定的な弱みを握られたのが、ここ二ヵ月間の急変の本当の理由」と言う人もいるほどだ。

「建都千二百年」での改憲宣言が夢

その塚本氏が、執念を燃やしているのは「平安建都千二百年」である。

「戦後の日本は、日本国憲法を基礎に発展してきた。つまり戦争を放棄することで、驚異的な経済発展を遂げた。しかし現憲法は、今日の日本の発展ぶりや東西対立の基本の変化などを予見したものとは思われない……。新しい世紀を迎えるにあたり、憲法を改正するところまで踏み込んで、世界に貢献する日本の進路を示すべきだ」

塚本氏は九一年一月に刊行した『私の履歴書』（日本経済新聞社）の最後にこう訴える。「憲法改正については、未《いま》だ戦争の痛手を背負う人がいることは、十分承知しているが」と言いながら、憲法第九条の「改正」を説くのである。

「その立ち上がりを『平安宣言』という形で、世界にアピールしたい」――九四年の「平安建都千二百年」に、「京都商工会議所会頭としてぜひ実現したい大きな夢」がこれである。だからこそ、仏教会とも〝妥協〟し、九二年改選の会頭のイスにしがみつこうとしているわけである。

第八章　三和銀行のダーティーワーク——ライトプランニング事件の深層

従業員数人の無名の不動産業者が巨額のカネを動かし、警察や自治体幹部に食い込めた背景はいったい何なのか。なぜ、大手都銀の三和銀行がまるでわがことのように応援したのか。このナゾを解かなければ「ライトプランニング」事件の真相はつかめない。ライト社急成長の陰に見えかくれした意外な人脈。そして、「世界の松下電器」の谷井《たにい》昭雄《あきお》社長を辞任に追い込んだ事件の深層は——。

立ち退き拒否の民家へダンプ突っ込む

「ガシャーン」。一九九〇年七月のある日の深夜二時ごろのことだった。ガラス戸が割れる物音に長屋の隣近所の人が家々から飛び出してきて騒ぎだした。大きなダンプカーが、民家の玄関の前にそのまま突っ込みそうな勢いで止まっていた。玄関に段差があり、それが歯止めとなっているようだった。風圧で玄関のガラス戸はメチャメチャに壊れていた。

ガラス戸の壊れる音と隣近所の人の騒ぎ声で目を覚ました家人は、初めはいったい何が起こったのかわからなかった。起きだして、玄関の惨状を見て事態をのみこめたものの、そこは家のただ一つの出入り口だったため、外に出ようにも出られず、立ちすくんでしまった。

ＪＲ大阪環状線・京橋《きょうばし》駅から歩いて数分、大阪市都島《みやこじま》区東野田《ひがしのだ》町《まち》一丁目にある借家のこの民家の家主が代わったのはこの年の三月。大阪府箕面《みのお》市内に事務所を持つ不動産業者の新家主は、周囲の長屋も底地ごと買い取り、家人に立ち退きを迫った。これを拒否すると、ヤクザ風の男たちが来て、家の前に何台もの車を終日とめるようになった。立ち去ったあとにはタバコの吸い殻とゴミがまき散らされていた。こうしたことが毎日のように続いた。ダンプの突っ込み騒ぎはその延長線で起こったことだった。

三和銀行本店（大阪市）

その不動産業者と暴力団・警部の関係

一帯は、川を挟んで八五年ごろから始まった対岸のＯＢＰ（大阪ビジネスパーク）の開発に合わせた京橋再開発事業に組み込まれて、古くからの長屋が順番に底地買いされ、住民が追い立てをくっていたところである。

それから二年後の秋、このダンプ騒ぎの原因をつくった新家主の不動産業者は、思いもかけぬことで連日、新聞紙面をにぎわすことになった。

それは、九二年十月九日の「産経新聞」朝刊社会面トップ記事で始まった。同紙には、「内偵中の不動産社長・警部が『灰色交際』」「料亭接待や現金・府警処分せず退職させる」という見出しが躍り、大阪府警幹部警察官の不祥事を伝えていた。

それによると、大阪府警捜査二課出身で大阪市内の警察署に勤務していた警部が、この年の五月ごろ、以前勤務していた部署のOBの紹介で不動産会社社長と知り合い、交際。わかっているだけで五月から六月にかけて二回、大阪・キタのクラブや料亭で計十万円近くの接待を受けていた。この際、警部は自分の負担でスナックなどに社長を招待したが、帰りに社長から「二次会の費用や」と現金十数万円をポケットにねじ込まれた。このほか、外国製の高級ウイスキーや時計などを受け取ったり、ゴルフに招待されていた。警部は、ポケットにねじ込まれた現金は数日後、全額返し、ウイスキーなどもあとで返却したという。

この不動産会社社長は、大阪市北区の地上げにからむ事件で、府警防犯部がこの年の初めから内偵中の業者で、暴力団との関係もうわさされており、捜査をすすめる過程で警部との交際がわかったという。疑惑発覚後、府警監察室の取り調べに警部は、現金をいったん受け取ったことを認めた。しかし、府警では、警部は事件を担当する防犯部とは直接関係のない市内の警察署勤務で、接待や現金は職務にからんだものでないこと、社長が捜査中の人物であることを知らなかったことなどの理由で処分はしなかった。警部は八月末の異動で他の部署に替わったのを機に、依願退職したという。

内偵中の不動産社長

警部が「灰色交際」

料亭接待や現金

府警 処分せず退職させる

全額返却 「汚職に当たらず」

石垣4㍍崩れる 西成の住宅街

幅4㍍にわたって崩れた石垣＝9日午前零時20分、大阪市西成区山王2で

「産経新聞」92年10月9日付

この日の各紙夕刊は、幹部警察官不祥事の後追い記事を載せた。飲食回数が六〜七回に増え、現金も四十万円となり、六月に飲食、ゴルフ代金を含め百万円を返したとより詳しくなったが、大筋で朝の「産経」報道にそったものだった。新たな事

実として、不動産会社社長の招待したゴルフに、この警部が知り合いの二人の大阪府警幹部警察官を誘って参加していたことがわかった。

ともに暴力団担当の捜査四課の警部で、府警監察室は不祥事が明るみに出たあとの同月十四日、疑惑を招いたとしてこの二人を戒告処分にした。十四日付各紙によると、二人はこの年の五月から六月にかけて、八月末に退職した元警部の誘いを受けて不動産会社社長からゴルフや大阪市内のクラブで飲食のもてなしを計三回受けたほか、百貨店のプリペイドカード計三枚（三十万円相当）や高級ウイスキーを受け取っていた。その後、プリペイドカードと洋酒は現物で、接待費用としてそれぞれ三十万円返したという。

無名の不動産業者に「松下」が巨額融資

この一連の幹部警察官不祥事報道に驚いたのは、何よりも記事を書いた当の大阪府警回りの事件記者だった。というのは、不祥事の中心人物とされ八月末退職した元警部は、ちょうど一年前大阪府警が総力をあげたイトマン事件を担当した刑事の一人だったからである。捜査二課の敏腕刑事として知られ、記者にも顔見知りが多かった。

不動産業者との交際当時、大阪市内此花《このはな》署の刑事課長に昇進していた。

大阪府警幹部警察官接待事件で世間を騒がしたのは、「ライトプランニング」（ライト社、大阪市中央区、水田度夫社長）という一般には全くなじみのない不動産業者だった。会社謄本などによると、同社は八九年七月、大阪府箕面市内で資本金二千万円で設立。従業員はわずか二、三人で、翌九〇年七月、大阪市中央区に本社移転して以来、三年ほどの間に同中央区内で三度も事務所を替わるなど、何とも正体のわからない会社だった。不動産・建築、金融のほか、「朝鮮人参《ちょうせんにんじん》の細胞増殖及び栽培促進の研究受託」という一風変わった業種も営業項目にあげていた。

正体がわからないといえば、箕面市内から大阪市内中央区に本社移転した際、同区心斎橋筋《しんさいばしすじ》の五階建てビルを丸ごと買い取り、ここに同社を債務者にして「松下電器産業」一〇〇％出資のノンバンク「ナショナルリース」（大阪市中央区）が、四十九億五千万円の根抵当権をつけていたことだ。さらに、冒頭で紹介したＪＲ環状線・京橋駅周辺のライト社の地上げした土地に、その「ナショナルリース」が極度額二百五十三億五千五百万円もの根抵当権をつけていた。

無名の不動産業者と世界の「松下」とが、いったいどうしてと誰もが首をかしげたくなる不可解さは、先の幹部警察官接待事件を契機にしてのちに「ライトプランニング事件」と呼ばれるようになった一連の疑惑に、たえずまとわりついていたナゾだった。

大阪市土地対策室の企画主幹も懲戒処分

ところで、ライト社にかかわる疑惑は、大阪府警からこんどは大阪市に飛び火した。府警の不祥事発覚からほどない十月末のことだった。

それは、大阪市計画局土地対策室の企画主幹が、前年の九一年十一月ごろ、ライト社の水田社長と大阪市内の飲食店やスナックで会食。九二年十二月末と翌九三年二月ごろ、ゴルフをともにしていたというものだった。飲食代は水田社長が全額支払い、ゴルフのプレー代は一部負担したという。いずれも、ある銀行の幹部が一緒だったという。届け出のため同対策室を訪れた水田社長に主幹が、友人の土地取引で相談したことが交際の始まりとされた。

土地の投機的取引を防止するため大阪市は、国土利用計画法にもとづき市内全域で百平方メートル以上の土地取引の届け出を義務づける監視区域制度を実施。計画局土地対策室は、売買予定価格が適正かどうかなど土地取引業者からの届け出書類を受け付け、監視する部署で、企画主幹は審査、決裁する直接の責任者だった。ライト社からは九一年度に数十件の土地取引の届け出があった。

マスコミが動いたためか、市が企画主幹の上司から事情を聞き始めたとされる十月二十九日朝、主幹は会食などに同席していた銀行の幹部を通して、水田社長に飲食代などとして十五万円を返済したという。

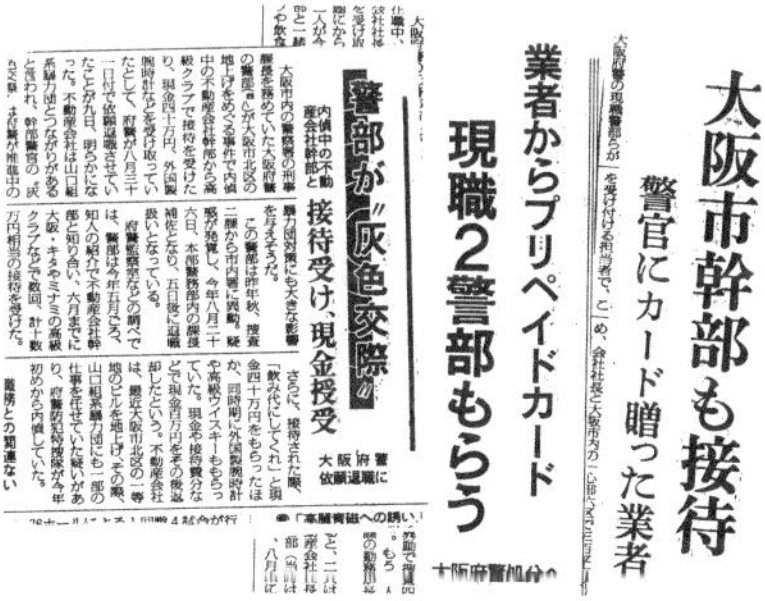

大阪市幹部も接待
警官にカード贈った業者

業者からプリペイドカード
現職2警部もらう

警部が"灰色交際"
内偵中の不動産会社幹部と
接待受け、現金授受
大阪府警 依願退職に

大阪市内の警察署の刑事課長を務めていた大阪府警の警部（[illegible]）が大阪市北区の地上げをめぐる事件で内偵中の不動産会社幹部から高級クラブで接待を受けたり、現金四十万円、外国製腕時計などを受け取っていたとして、府警が八月三十一日付で依願退職させていたことが九日、明らかになった。不動産会社は山口組系暴力団とつながりがあると言われ、幹部警官の"灰色交際"は府警が推進中の暴力団対策にも大きな影響を与えそうだ。

この警部は昨年秋、捜査二課から市内署に異動。疑惑が発覚し、今年八月二十六日、本部警務部内の課長補佐となり、五日後に退職扱いとなっている。

府警監察室などの調べでは、警部は今年五月ごろ、知人の紹介で不動産会社幹部と知り合い、六月までに大阪・キタやミナミの高級クラブなどで数回、計十数万円相当の接待を受けた。

さらに、接待された際、「飲み代にしてくれ」と現金四十万円をもらったほか、同時期に外国製腕時計や高級ウイスキーももらっていた。現金や接待費分などで現金百万円をその後返却したという。不動産会社は、最近大阪市北区の一等地のビルを地上げ、その際、山口組系暴力団にも一部の仕事を任せていた疑いがあり、府警防犯特捜隊が今年初めから内偵していた。

職務との関連ない

大阪市に飛び火した疑惑

市幹部の接待問題について共産党大阪市会議員団が十月三十日、市当局に疑惑の全容解明を申し入れた。このなかで、市は土地対策室の企画主幹からライト社からの接待の報告を十九日に受けながら調査もせず放置。新聞報道で公《おおやけ》になってあわてて記者会見をしたことなどがわかった。

接待問題で市は当初、「金品を受け取ったことはない。便宜もはかったことはない」などと言っていたが、暮れの十二月二十五日、問題の幹部職員である土地対策室の企画主幹を、不動産業者と不適切な交際をしていたとして減給十分の一、三ヵ月の懲戒処分にしたと発表した。このときの市の調査では、企画主幹はライト社から二十万円のプリペイドカードを受け取ったり（本人はあとで返還したと説明）、ゴルフ二回、料亭・スナック三回の接待を受けていたとされる。

ライト社の地上げは三和銀行がお膳立《ぜんだ》て

企画主幹は、疑惑発覚直後から「病気」入院を理由に休職していた。結局、十二月三十一日付で市を退職した。府警幹部部警察官と同じ経過をたどったのである。

ところで、市土地対策室の幹部を退職に追い込んだライト社はいったいどんな土地取引をしていたのか、かかわった地上げのいくつかをみることにする。

たとえば、大阪・キタの繁華街の一角、大阪市北区小松原町《こまつばらちょう》での土地取引がある。土地登記簿によると、ライト社は、ここで京都の暴力団・会津小鉄《あいづこてつ》会系の不動産会社として知られている「窪田」（京都市中京区）などから宅地十九筆計二千八百平方メートルを九一年三月から十月にかけて買収。登記簿によると、この際、「阪急電鉄」の金融・不動産を事業目的にした子会社「宝栄興産」（大阪市北区）から百九十億円の融資を受けている。ライト社は取得したすべての土地を、約三ヵ月後の同年六月から十二月にかけて大手ゼネコンの「鹿島《かじま》」に転売した。

この土地取引について共産党大阪市会議員団が、九二年十一月の決算委員会で「一年以内の短期転売を禁止した国土法に違反するのではないか」と追及したが、ライト社の地上げは、大手都銀の「三和銀行」がお膳立てしたものだった。

その経緯を「朝日新聞」（九三年一月三十日付）が書いている。それによると、「阪急電鉄」に九一年一月ごろ、ライト社に融資するよう「三和銀行」から依頼があった。最後は建設会社（鹿島）が土地を取得するが、社内決裁に手間取り、ライト社が一時取得するため、資金が必要だったという。「三和銀行」から依頼を受けた「阪急電鉄」は、子会社（宝栄興産）からライト社に融資した。原資は、三和銀行に紹介されたノンバンク二社から借りたという。

ライト社から「鹿島」に転売された大阪市北区小松原町の土地

関係者によると、小松原町の地上げで、

「阪急電鉄」からライト社への融資が実行できたのは、ライト社にかかわる疑惑で一方の中心人物だった三和銀行プロジェクト開発室の幹部が、同行の渡辺滉《わたなべひろし》頭取と「阪急電鉄」トップとをあることで結びつけるうえで重要な役割を果たすなど、双方に近しい関係にあったからだという。もともと小松原町一帯は、観劇で知られている梅田コマ劇場の移転にともなう再開発が阪急資本によって計画されていた。「鹿島」はその再開発計画のなかで用地取得を担当。ライト社から買収した土地にビルを建て「阪急」に売る計画だったといわれている。

幽霊店子《たなこ》への架空補償など疑惑が続々

ライト社が大阪市西淀川《にしよどがわ》区御幣島《みてじま》で手がけた地上げは疑惑に満ちたものだった。現場は大阪市西淀川区役所がある歌島橋《うたじまばし》という交差点の一角。喫茶店とか飲み屋などが入ったビルがあったが、「東栄建設住宅サービス」（大阪市）という不動産業者が八九年四月ごろ、底地約四百六十二平方メートルを地上げした。この土地をライト社は九一年三月、約二十八億円で買収し、約四ヵ月後の同年七月には大阪府、大阪市など四自治体とＪＲ西日本、住友、三和といった都市銀行などが出資する第三セクター

ライト社の疑惑の土地取引が行われた大阪市西淀川区御幣島の土地

の「関西高速鉄道」（関高鉄）＝大阪市、設立八八年五月、資本金百四十九億円＝に総額約三十五億円で売った。

三十五億円の内訳は、売買の際の契約書にもとづくと、土地代金二十四億三千万円、ビルに入っていた店子のいわゆる占有者補償を含む上物補償五億五千万円、地上権残金三億五千万円、残地補償金一億五千万円となっていた。ところが、「関高鉄」がライト社から土地を買収したときには、店子は前の土地所有者である「東栄建設住宅サービス」から補償を受けてすでに立ち退いていた。つまり、住んでもいない幽霊店子に補償金が支払われていたのである。

このとき「関高鉄」は、ライト社から買収の際、ビルなどに九店が残っていたとして総額約二億三千万円の立ち退き補償費を支払っていた。幽霊店子への架空補償とともに、土地を買収してしまっているのに一億五千万円という「残地補償金」も根拠のない支出だった。

この土地取引には根本のところで疑問があった。もともと、この土地の地下をJR大阪・京橋駅と同兵庫・尼崎《あまがさき》駅間を結ぶ片福連絡線（十二・三キロ）が通ることになっていた。その片福連絡線の事業主体が「関高鉄」で、敷設する鉄軌道部分は「日本鉄道建設公団」（鉄建公団）、駅舎部分は「関高鉄」がそれぞれ買収資金を分担。地権者との交渉窓口は「関高鉄」がやっていた。

問題の土地は、「鉄建公団」の担当区域だった。同公団は鉄軌道を敷設する場合、買収より費用が少なくてすむ地上権設定を原則にしていた。だから「鉄建公団」は、地下に鉄道を通すため九〇年十月、当時土地所有者だった「東栄建設住宅サービス」との間で地上権設定の契約を結び、地上権補償金約五億七千万円の半額にあたる約二億八千万円を手付金として支払った。

一般には土地利用に制限がついた「地上権」付き土地などなかなか手を出さないものだが、この土地をどういう経緯からかライト社が「東栄建設住宅サービス」から翌九一年三月、約二十八億円で買収してしまったのである。補償金の半額を支払い、「地上権」を設定した土地が売られたため、関係者は大いにあわてた。結局、「地上権」について、「関高鉄」と「東栄建設住宅サービス」、ライト社の三者の間で継承する覚書が交わされた。その際、地上権補償金を当初の契約より七千万円増やし、残金は約三億五千万円にすることで一段落した。ところが、ライト社は新たに土地の買い取りを「関高鉄」に要求。地上権設定補償だけでよかったのに、結局、同年七月、ライト社から総額約三十五億円で土地を買収することになったのである。

ライト社は前土地所有者から入手後わずか四ヵ月の間に、七億円もの利ザヤを稼いだのである。

前土地所有者への地上権補償の手付金約二億八千万円を入れると、四百六十一平方メートル、わずか百五十坪ほどの土地に総額約三十七億八千万円がつぎ込まれたことになる。片福連絡線の用地買収費は全部で約五百億円と見込まれており、ここだけでその一割近くを使ったのである。

ライト社は三和銀行を交渉代理人に指名

「関高鉄」がそれこそ湯水のように金を使ってライト社に便宜をはからなければならなかった理由はいったい何だったのか。それは、いわゆる「ライトプランニング」事件の核心につながる部分でもある。

問題の西淀川区御幣島一丁目の土地の登記簿謄本をもう一度見直してみると、ライト社の前の所有者「東栄建設住宅サービス」が土地を取得した際、大阪市内の不動産・金融会社が極度額六億円、「イトマンファイナンス」（当時）が同じく五億四千万円の根抵当権をつけているほか、土地売買に前後して三和銀行が同社を債務者に極度額一億五千万円の根抵当権を設定、同行系列の三和ビジネスファイナンスがこの土地を担保に十三億五千万円を貸し付けていた。先に書いた通り、北区小松原町でライト社の地上げをお膳立てしたのは三和銀行だった。ここにも三和銀行が顔を出していた。

ライト社が「東栄建設住宅サービス」から取得したときは、「ナショナルリース」が極度額三十五億二千万円の根抵当権をつけていた。また、「ナショナルリース」である。同時に、「東栄建設住宅サービス」が三和グループから借りていた約十五億円の借金などは消された。登記簿は、この土地取引で三和が十五億円の貸付金を回収したことも示していた。

それだけでなく、三和銀行は、この土地取引で重要な役割を果たしていた。ライト社と「関高鉄」との交渉で、同社の代理人をしたうえ、「ナショナルリース」の融資を仲介していたのである。

関係者によると、地上権設定にいったん同意しておきながら、急に土地買い取りを要求したライト社は九一年四月ごろ、「関高鉄」の出資者でもある三和銀行を売買交渉の代理人に指名。以後、三和銀行の行員と「関高鉄」の用地買収担当者との間で価格交渉が行われ、同年七月中旬、約三十五億円で買収した。この買収金額には、幽霊店子への架空補償金が含まれていたことは先に書いた通りである。一方、ライト社がこの土地を地上げする際、三和銀行が仲介してナショナルリースが約三十二億円を融資したという。

大阪市、それも土地対策室が属している計画局がこの土地の取引に大きくかかわっていた。

1993年（平成5年）4月28日　水曜日

片福線用地無届け買収

三和銀行と関西高速鉄道

大阪市が交渉仲介

片福連絡線の建設をめぐり、関西高速鉄道が国土利用計画法の届け出をせずに用地買収をしていた問題で、売り主の不動産業者「ライトプランニング」（大阪市）の代理だった三和銀行（本店・大阪市）と、買い主の関西高速鉄道との売買交渉は、大阪市が仲介していたことが二十七日、関係者の話でわかった。市役所で設定された会議で、三和側がライト社所有地の買い取りを求めたという。この取引ではライト社に約二億三千万円の架空名目の補償費が支払われている。大阪市は関西高速鉄道の有力な出資者だが、三月の市議会で用地買収への関与を否定していた。

3月議会で関与否定

関係者の話を総合すると、三和銀行と関西高速鉄道の交渉は一九九一年四月中旬、大阪市役所七階の計画局計画部で行われた。三和側が同鉄道に対し、大阪市西淀川区御幣島（みてじま）二丁目にあるライト社の所有地（約四百六十平方㍍）を買い取るよう求めたという。

同鉄道は同年五月、三和側に買収の意向を伝えた。

売買交渉では、三和銀行が、大阪市内にある企画事務所代表に同鉄道を紹介して欲しいと依頼、代表は同鉄道につてがなく、大阪市計画局の課長（当時）に紹介を頼んだという。

企画事務所代表は、同市北区茶屋町一帯の開発のため金融機関や総合商社などでつくる「茶屋町地区開発整備構想研究会」で三和銀行の担当者や計画局課長と知り合ったという。計画局は同鉄道の担当窓口になっている。

計画局課長は「企画事務所代表には市の事業に協力してもらっており、信頼できる人物ということで関西高速鉄道を紹介した」と話している。

「朝日新聞」93年４月28日付

この疑惑を追及していた「朝日新聞」（九三年四月二十八日付）によると、前々から大阪市の開発プロジェクトの協力者であった大阪市内にある企画事務所代表に、三和銀行が土地買収のことで「関高鉄」を紹介してほしいと依頼。同代表にはつてがなかったため、「関高鉄」の担当窓口でもあった計画局の課長（当時）に紹介を頼んだという。企画事務所代表は、金融機関や商社などでつくる開発研究会で、三和銀行の担当者や計画局の課長と知り合ったという。

その結果、九一年四月中旬、大阪市役所七階の計画局計画部で、三和銀行と「関高鉄」との交渉が行われ、席上、三和がライト社所有の土地の買い取りを要求。「関高鉄」は、同年五月、三和に買い取り同意を伝えたという。

この西淀川区御幣島の土地買収問題は、大阪市議会でも繰り返し取り上げられた。幽霊店子に対する架空補償疑惑（九三年三月十八日）に続いて、残地もないのに「残地補償」していることを暴露した共産党の矢達幸議員の追及（同十九日）に、さすがに市は「好ましいものではない。厳正な事務執行を求めたい」と答弁せざるをえなかった。しかし、「関高鉄」への出資比率が二二・五％（約六十九億五千万円）で監査権を持つ二五％以上に達していないことをタテに「会社がやったこと。監査できない」と調査を拒否した。

出向市幹部が百万円もらって家族で外遊

市議会で市は土地取引への関与を否定し続けたが、共産党の矢達議員は、同年五月の委員会で、ライト社の代理人は三和銀行プロジェクト開発室がなり、もともと買収予定になかった土地を買収するよう「関高鉄」に依頼する場は、計画局の課長がセットしたものであることをあらためて指摘し、「幽霊補償などむちゃくちゃな土地買収の出発点は市がつくった」と追及。当時、市計画局長で「関高鉄」の取締役をしていた佐々木伸・現助役が、ライト社の代理人をしていた三和銀行プロジェクト開発室の幹部らとともに、買収が終了した直後の九一年七月十四日から二十四日まで、フランス、イタリア、スペイン、オーストリアを視察旅行していたことを暴露した。

三和—ライト社—大阪市の癒着は明白だった。

ライト社が大阪市にどれだけ食い込んでいたか、もう一つ、驚くべきことが明るみに出ている。

旅行小切手100万円分受領
湊町開発センター
大阪市から出向の
不動産会社ゆ着
昨年7月家族旅行
「金は自分で出した」

「産経新聞」93年３月26日付

「産経新聞」（九三年三月二十六日付）によると、大阪市浪速《なにわ》区のＪＲ湊町《みなとまち》駅周辺の再開発事業をすすめている大阪市五一％出資の第三セクター「湊町開発センター」の役員（五十五歳）が九二年七月上旬、ライト社から八千ドル（約百万円相当）分の旅行小切手（トラベラーズチェック）をもらい、同月中旬、家族で一週間フィジー旅行。小切手は、旅行期間中約三千二百ドル分使って高級洋酒五本などを買い、残りの小切手は帰国後日本円に換金したという。

役員は大阪市計画局から出向しており、再開発事業についての地元への説明やテナントビルへの入居勧誘を担当。ライト社の社長とは密接な交際がうわさになっていた。再開発地域にある私有地の地上げにライト社が関与したこともあるという。

関係者によると、役員が小切手をもらい遊びに行ったところは、三和銀行に近い不動産会社が開発したリゾート地で、話は初めからできあがっていた旅行だという。

ここで疑惑を指摘されている役員は、柳瀬一・常務取締役（当時）で、九三年三月明るみに出た、「湊町開発センター」役員らが同センターが経営する駐車場の売上代金など八百五十五万円をゴルフや飲食代に使っていた不正経理疑惑の当事者の一人で、いわばフダ付きの幹部職員だった。

大手都銀がらみの大型経済事件に？

ところで、ライト社事件の発端は大阪府警防犯特捜隊の内偵捜査だったことは冒頭に書いた通りだが、その捜査は、九二年暮れから年明けにかけて大きなヤマ場を迎えた。先に書いた大阪市北区小松原の土地取引は、国土法に定められた「不勧告通知書」が発行される前に土地取引し、西淀川区御幣島の地上げは虚偽の届けが行われたとする国土法違反容疑で、同特捜隊は九二年五月、大阪市役所の土地対策室を家宅捜索していたが、暮れの十二月に再捜索し、関係資料を押収した。

警官と癒着の不動産業者
違法に土地を取得
梅田再開発絡み　大阪市役所を捜索
府警防犯特捜隊

大阪府警の現職警察官らとの癒着が明るみに出た不動産会社「ライトプランニング」（大阪市中央区）が梅田の再開発や大阪市西淀川区での[illegible]工事に伴う地上げで違法に土地を取得したとして、府警防犯特捜隊が大阪市役所などを国土法違反の疑いで二回にわたって捜索していたことが三十一日、分かった。梅田の開発には大手の金融機関の幹部らも介在、幹部らからの事情聴取も行われたという。両地区の地上げでラ社には多額の謝礼が流れたとされ、同隊では今後、大規模開発などをめぐる利権の構図解明に全力を挙げる。

捜索を受けたのは国土法に基づく業者からの届け出を担当する大阪市土地対策室など。

防犯特捜隊の調べによると、梅田の土地は阪急梅田駅南東側にある北区小松原地区の宅地十八筆計約二千八百平方メートル。

ラ社はこれらの土地のうち豊中市在住の男性が所有する北区小松原町一一の約二千三百平方メートルを平成三年十月二十五日「交換」名目で入手した。

大阪市内で売買や交換などの土地取引を行う場合、国土法により百平方メートル以上

国土法違反の疑いが持たれている小松原町の一角＝31日午後5時15分、大阪市北区で

「産経新聞」93年1月1日付

接待を受け、退職に追い込まれた市計画局土地対策室の企画主幹が、ライト社の小松原町の土地売買の「不勧告通知書」を、普通二～三週間かかるところを数日で発行。土地対策室はライト社の印鑑を一年間も預かり、同社の出した審査書類訂

正時に使うなど便宜をはかっていたこともわかった。御幣島の土地取引は、土地対策室の指導で二年間も無届けで行われていたことがわかり、市は年が明けた九三年一月下旬、あわてて「関高鉄」とライト社に「国土法違反にあたる」と注意書を出したりした。

府警の捜査は、ライト社がかかわった土地取引を「ナショナルリース」に持ち込んで融資を斡旋《あっせん》していた三和銀行プロジェクト開発室の幹部周辺にも及んだ。同行の渡辺頭取の側近でもあった同幹部は御幣島の土地買収でライト社の代理人として「関高鉄」と交渉にあたり、当時計画局長で「関高鉄」の取締役をしていた佐々木・現助役とともに、ヨーロッパ旅行をしていた、いわば事件のカギを握る人物だった。ライト社は同幹部を飲食やゴルフに接待するなど、密接な関係を持っていた。

府警が、同幹部からも事情聴取したことから、九三年の年明けから事件は大手都銀がらみの大型経済事件になるのではないか、という憶測が飛び交い関係者は緊張した。疑惑にかかわって在阪大手紙記者の名前も取りざたされたことから、東京の週刊誌が大阪に取材に入るなどした。そんななか、ある人物が「自殺未遂した」といううわさも流れた。

刑事事件は免れたが脱税で追徴課税

結局、捜査は進展せず、担当の府警幹部が春の人事異動で部署を替わったのを機に、急速にしぼんで事件にはならなかった。

いわゆる刑事事件にはならなかったが、脱税事件としては表ざたになった。

脱税の舞台は冒頭書いた、ダンプカーの民家突っ込み騒ぎのあった大阪市都島区東野田町一丁目の土地だった。大阪の中堅建築請負業「金井組」（大阪府八尾《やお》市、金井道男社長）が、地上げした約二百六十平方メートルの土地と二階建ての建物を九〇年五月、ライト社に二十一億六千万円あまりで売却。その際、両社の間に架空の会社が介在したように装った契約書を作成し、八億円あまりの売却益をごまかしていた。

大阪国税局は九一年五月、「金井組」を強制捜査し、四億二千万円の所得隠しの法人税法違反＝脱税容疑で、大阪地検に告発。大阪地検は九三年五月二十四日、「金井組」と金井社長を法人税約一億七千万円を脱税したとして在宅起訴した。追徴税額は重加算税などを含め六億六千万円にのぼった。金井社長は九二年九月、大阪市平野《ひらの》区内に法定限度を超えた容積率のワンルームマンションを建設したとして、建築基準法違反容疑で大阪府警に逮捕され、大阪地裁で公判中だった。

ライト社は「光建設」の倉庫で誕生した

大阪国税局は、ライト社に対する税務調査も実施。二年間で法人税約一億五千万円をごまかしていたとして、重加算税を含め約一億七千万円を追徴課税した。

それにしても、従業員数人の無名の不動産業者が巨額のカネを動かし、警察や自治体幹部に食い込めた背景はいったい何なのか。なぜ、大手都銀の三和銀行がまるでわがことのように応援するのか。そのナゾを解かなければ、この「ライトプランニング」事件の真相はつかめない。そのためにライト社とはどんな会社なのか、もう一度ルーツをたどってみなければならない。

先にライト社は八九年七月、大阪府箕面市内で設立されたと書いたが、それはある建設会社の資材倉庫兼事務所の一角だった。その建設会社とは、ライト社疑惑が明るみに出た九二年暮れから、九三年初めにかけて新聞をにぎわし、社長が逮捕された「光建設」（大阪府箕面市、柳光雄社長）である。

「光建設」は、岡山県でゴルフ場開発を計画。そのため、岡山市内に別会社「光地所」（柳光雄社長）を設立。同市と岡山県御津町《みつちょう》にまたがる「本陣山カントリークラブ」（二十七ホール）開発のため、岡山県政の実力者・門木和郎元県会議長（自民党）に新巻きサケの腹に百万円の札束を入れるなど、計一千百万円を「献金」。他の県議や地元有力者を含め二十人に五千万円をばらまいたという。

この事件で、「光建設」と「光地所」は岡山県警に家宅捜索され、柳社長と嵐一夫「光地所」常務はゴルフ場の地元町長に、県知事への町長意見書の作成に便宜をはかってもらうため、現金数十万円を渡した（町長は翌日返還）贈賄（申し込み）容疑で逮捕された。「光建設」は、暴力団との関係もうわさされていた。

ライト社に巨額の融資をしていた「ナショナルリース」の入っているビル（大阪市中央区）

そういった会社がライト社の出発点だったのである。

関係者によると、ライト社の水田社長はこの「光建設」時代にある不動産会社幹部と

東洋不動産（大阪市中央区）

知り合い、親密な関係になったという。やがて、ライト社はその不動産会社が狙った土地取引の前サバキ役を一手に担うことになったという。
　その前サバキの一つが、「中之《なかの》島《しま》プロジェクト」と呼ばれる案件である。

三和銀行系「東洋不動産」の前サバキ役

大阪のシンボルの一つ、中之島公会堂のある大阪市北区中之島は大きく東部地区と西部地区に分けられる。ライト社が手がけたのは、大阪市が大阪大学移転跡地を中心に近代美術館、舞台芸術総合センター、国際会議場などのプロジェクトを計画している中之島再開発地域にあたる西部地区、中之島三丁目にある三階建てのビル。

目の前には、中之島再開発の一環として八九年十月開館した大阪市立科学館があり、一帯は昔から三井資本の「三井村」と言われてきたところだった。関係者によると、八七年十月、土地三百七十四平方メートルと三階建てのビルを手に入れた大阪市内の不動産会社は、当初、三井資本の不動産会社に売るつもりだったといい、そのため大手建設会社の買いつり証明も出ていたという。そこへライト社が入ってきて、結局、九〇年八月、百億円で売ったという。ライト社はその購入資金を、この土地とビルや冒頭に出てくるダンプカー突っ込み騒ぎの大阪市都島区東野田の地上げした土地を担保に「ナショナルリース」から融資を受け、まかなった。

ライト社がナショナルリースの融資で入手した大阪市北区中之島のビル

ここで、ライト社を地上げの前サバキに使っていた不動産会社とは、三和銀行系の「東洋不動産」(大阪市中央区)である。三和銀行のプロジェクト開発室の幹部はこの「東洋不動産」の紹介で、ライト社を使うようになったのである。それは、開発物件を「ナショナルリース」に持ち込み融資させる「セットファイナンス」というやり方で行われた。従業員数名の不動産会社になぜ、世界の「松下」系ノンバンクが巨額のカネを出していたのか、これでそのナゾは解ける。

ライト社周辺に暴力団と「解放同盟」の人脈

こうして無名のライト社は急成長するが、会社と周辺には意外な人脈がつくられていた。顧問税理士は地方の国税局局長をつとめた人物である。顧問弁護士は奈良県選出の自民党参院議員服部三男雄《はっとりみなお》氏で、選挙のときライト社が給料二百数十万円を支払うなど地元秘書一人を丸抱えしていたことが明るみに出ている。

ライト社は暴力団とも深くかかわっていた。たとえば、大阪・北新地《きたしんち》のど真ん中、大阪市北区堂島《どうじま》一丁目で地上げした土地は、山口組の最高幹部の一人、「黒誠会」の前田和男組長（九三年死亡）をダミーにして入手したものだった。この土地は、それ以前はやはり山口組系暴力団金田組（解散）の元幹部だった小西邦彦「部落解放同盟」飛鳥支部支部長（大阪市東淀川区）が持っていた。

小西支部長といえばこんな話がある。さる八五年一月、大阪府吹田《すいた》市のマンションで山口組の竹中正久四代目組長（当時五十一歳）ら山口組の幹部三人が、対立する一《いち》和会《わかい》（当時）系暴力団組員に射殺された事件があった。このとき、事件現場になったマンションは、小西支部長が借り主で、竹中組長は「小西邦彦」を名乗ってマンションに出入りしていた。小西支部長は、当時「野間工務店」（大阪市東淀川区）というペーパーカンパニーの建設会社を経営。同社は「解同」直結の建設業者団体「大阪府同和建設協会」加盟業者で、当時大阪市発注の工事を四年間で二十一億五千万円も受注するなど、山口組の企業舎弟だった。

ライト社は、その「部落解放同盟」ともかかわっていた。

暴力団組長（故人）をダミーに「解同」幹部からライト社が入手した大阪・北新地の空き地

府警幹部警察官接待疑惑が明るみに出た直後の九三年秋、昔から凶暴さで知られていた「解同」浪速支部（大阪市浪速区）の岡田繁治支部長が、同社の監査役に就任している。岡田支部長は、ライト社の水田社長が役員をし、従業員も同じである兄弟会社「山本リアルエステート」（大阪市中央区）の取締役にも同じ日付で就任した。

「山本リアルエステート」の役員には、先の小西支部長が経営していた「野間工務店」の元役員も就任しており、「解同」とライト社のかかわりは相当深いものとみられた。ライト社事件が発覚直後の岡田支部長の突然の役員就任は、「解同」タブーでマスコミの足をとめることが狙いだったのではないか、と当時ささやかれた。

それにしても暴力団の色濃い影があるライト社に、三和銀行が肩入れしていた事情は何だったのか。

渡辺頭取の実兄がらみの土地取引に疑惑

ライト社の疑惑が明るみに出、三和銀行が深く関与しているとの報道が相次いだが、三和銀行はライト社との関係を否定し続けた。それは、異常といっていいほどの反応だった。なぜ、三和銀行がそれほどまでに神経質になったのか。背景に三和銀行のトップ、渡辺滉頭取の親族にかかわる不明朗な土地取引が横たわっていたからである。

ライト社事件を追ったあるマスコミ関係者は「水面下で起こっていたこと」として、次のように言っている。

「この話は、ライト社疑惑がマスコミに取り上げられるようになった九一年秋より半年前の同年春ごろから、大阪の金融筋でうわさとして流れていた。それは、渡辺頭取の実兄、幸男氏の会社にかかわって、『怪文書』が出ているというものだった。マスコミもその『怪文書』とことの真相を求めて動いた。そんななか、ある情報紙がうわさとして、頭取の実兄にかかわってライト社問題を取り上げた。ところが、即日、その情報紙の主宰者の自宅、事務所、取材先に何者かの尾行がついたという。あるときは、これ見よがしにノラッシュを光らせて写真を撮ったり、ニセ電話、無言電話が続き、事務所の金属製のドアには道具を使ってカギをあけようと

三和銀行頭取実兄
疑惑の巨額融資
大新聞が書けない
独占スクープ
三和銀頭取実兄元経営の会社
7億円所得隠しの疑い
都内の土地取引　三和銀部長が紹介

三和銀行の渡辺頭取の実兄が代表取締役をしていた「辰興」から不動産会社「エスポ」、さらに「ライトプランニング」(現エー・アンド・ワイ)に転売された東京都品川区荏原２丁目の土地（手前、フェンスに囲まれたところ）

したのか、不自然なキズもつけられた。自宅のポストに、小包を預かっているという郵便局の『お知らせ』がはいっていたが、その小包の差出人欄には名前がなかった。それでその情報紙の主宰者は一瞬、東京の地上げがらみで起こった時限爆弾による放火事件が頭をよぎったという。

「情報紙主宰者への尾行と無言電話は長期にわたったが、マスコミ関係者のところにも情報紙の主宰者のことを知りたいといってある有名な暴力団の企業舎弟と同じ名前の人物から何度か電話がかかったこともあった。情報紙の主宰者が、『消された』というわさも流れた。情報紙がライト社問題を書いたことで、三和銀行の渡辺頭取の退任時期が早まった、といううわさも東京と大阪の金融界で飛び交った。もちろんこうした話は、水面下で起こっていたことで、知っていたのはライト社事件を追っていたマスコミ関係者であり、推移を見守っていた金融関係者、そしてのちに幹部署員が処分された大阪府警だけだった。ただ、ライト社疑惑が一不動産業者のことにとどまらない相当根の深い問題であることだけは、ライト社情報に対する周囲の異常な反応から、うかがい知れた。この年の十月、大阪府警幹部警察官の接待疑惑が明るみに出て、初めてライト社問題に対する異常反応の背景がわかった。それは、大阪市幹部接待疑惑、さらに暴力団がからんでいるという大阪市議会での追及で、いっそうハッキリした。誰も彼もが、真相が明るみに出るのを恐れた。それで、口をふさぐため、正体不明の影が蠢《うごめ》いていたのだ」

が、ライト社事件は表ざたになった。それも、とうとう三和銀行が最も恐れていたとみられる頭取の実兄の話が大手紙の一面記事になり、週刊誌も取り上げることになった。

九三年一月二十八日付「朝日新聞」朝刊は、一面で、「三和銀行頭取実兄元経営の会社　7億円の所得隠しの疑い　都内の土地取引三和銀部長が紹介」と四段見出しで報道した。

渡辺滉頭取

それによると、三和銀行の渡辺滉頭取の実兄が代表取締役をつとめ印刷業などをやっていた「辰興」（東京都千代田区）という会社があり、同社は東京都品川区荏原《えばら》二丁目にある約二百二十五平方メートルの土地を八九年四月、都内の不動産業者に約十五億二千万円で売却。この際、譲渡益の出ない取引を装うため、帳簿上は、「辰興」が八七年に取得したときの価格である約八億円で転売したことにし、差額の約七億二千万円は、不動産業者からの架空の借入金として処理。また、国土法にもとづく届け出は、約十五億二千万円より安い約十三億六千万円にした。

土地取引は、当時の三和銀行東京本部審査部長が不動産業者に持ちかけたもので、転売直後、三和銀行系列のノンバンクがこの土地を担保にその不動産会社に約十億円を融資した。この土地はその後、ライト社に転売された。

実兄は八五年から、「辰興」の代表取締役をつとめていたが、土地取引の一週間前に代表取締役を退任。当時、「辰興」は、経営不振で資金繰りが苦しく、実兄の退任の直前の八九年三月、この土地を担保に三和銀行が三回にわたり計約一億円の融資をしていた。「辰興」は、九〇年に入って事実上休眠状態という。

実兄退任後に就任した代表取締役は、土地取引で所得隠しをしたり、実際の売買価格が届け出価格を上回った事実を認めた。実兄は、頭取の兄ということで便宜を依頼したことはないとしながらも、土地売却について三和銀行関係者に相談を持ちかけたことは認めたという。

ここに出てくる不動産会社とは「エスポ」（東京都、伊藤和夫社長）という会社で、バブル期、東京・新宿、池袋の地上げで急成長。Ｆ１レーサーの鈴木亜久里《すずきあぐり》のスポンサーとして脚光を浴びたり、株価操作疑惑や自社株売買、有価証券報告書の虚偽記載などで東京地検が内偵、国税局も調査していた東証一部上場の音響機器メーカー「クラウン」（東京都、宮越邦正《みやこしくにまさ》社長）との取引で、社会面をにぎわせた企業である。

ライト社事件の原点、エスポへの情実融資

「朝日新聞」の報道と同じ日に発売された「週刊文春」（九三年二月四日号）は、この「エスポ」と三和銀行の頭取の実兄・幸男氏の会社「辰興」との土地取引が、ライトプランニング事件の原点になった、と書いた。

それによると、三和銀行東京本店の審査部長が、土地取引を「エスポ」の伊藤社長に持ちかけた際、総額十五億円の手形のリストを示し、頭取の実兄がやっている「辰興」という会社が、十五億円ないと助からない、土地を担保にとって融資してほしいと依頼。それで、「エスポ」は、十五億円貸すということを条件に、約八億円で土地を買い、約七億円を「辰興」に貸し付けるという、「取引」をした。取引終了後、三和の審査部長が「エスポ」にお礼のあいさつに訪れ、「何らかの形で支援したい。手

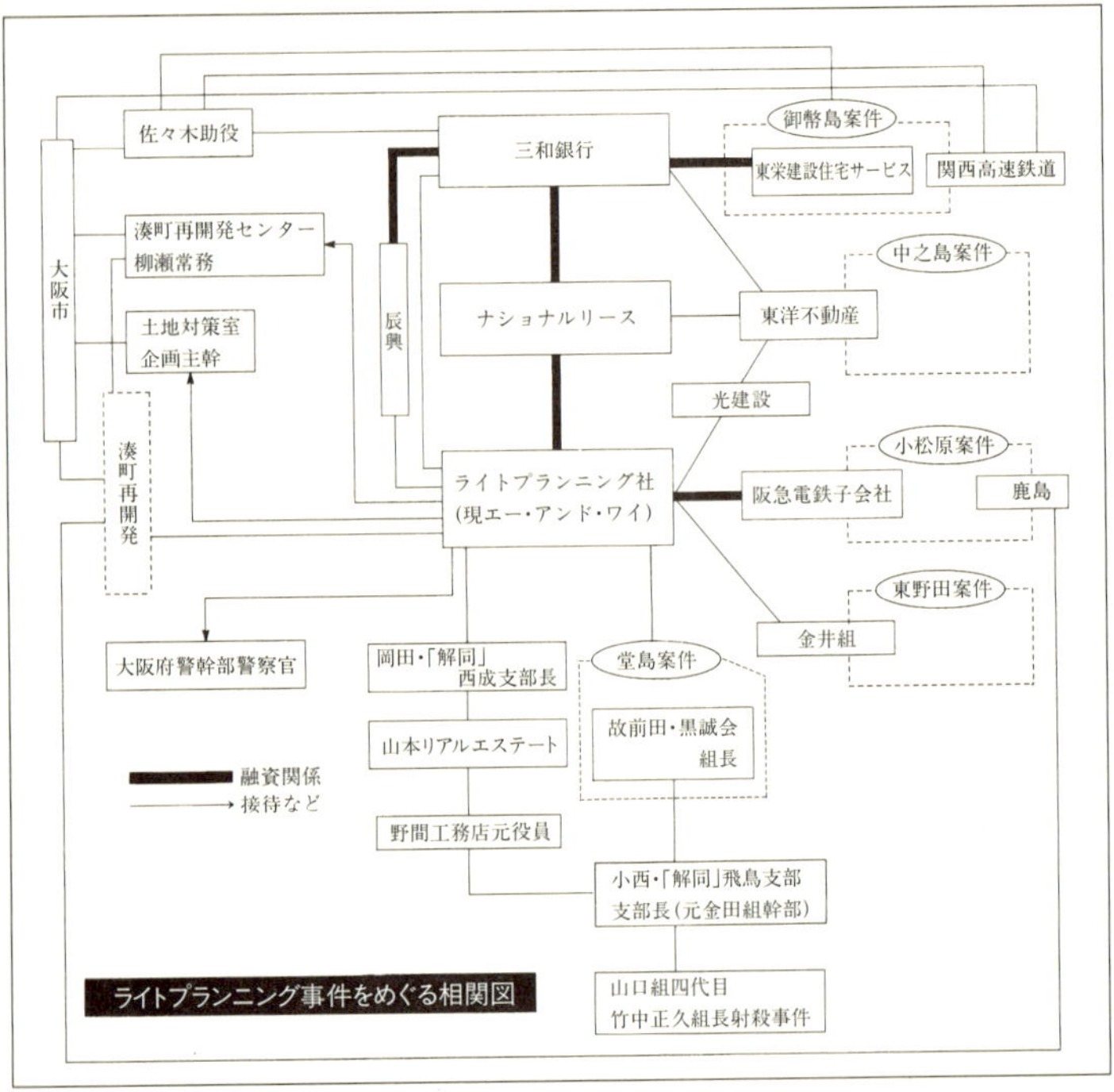

ライトプランニング事件をめぐる相関図

数料が入るような取引があります」と言い、当の実兄の渡辺幸男氏も二回、「辰興」代表取締役の名刺を持って来社し、伊藤社長に会った、と元「エスポ」の経営企画室財務担当部長が証言。

以来、三和からの「エスポ」への融資は激増。八九年末、三和グループの「エスポ」に対する融資残高は二百五十億円だったのが、九〇年三月末には二百九十二億円、同年九月末には三百三十二億円と飛躍し、都銀のなかでは一番の融資元になった。しかし、バブル崩壊で「エスポ」は、経営危機に陥った。その「エスポ」グループに三和は実質的には架空取引だった、数十億円の融資を実行するなどして支援した。

しかし、「エスポ」の経営はいっそう悪化。このため、三和は「エスポ」所有の三件の物件の処分を検討し、大阪の不動産業者に売却した。それが、ライト社だった。そのとき、「ナショナルリース」の融資の計画を立てたのが、三和銀行のプロジェクト開発室長だった。ライト社に土地を売ったことで、三和は「エスポ」から二百数十億円の債権回収に成功。この回収額は、「ナショナルリース」が抱える「エスポ」案件での、ライト社に対する未回収額とほとんど一致。結果だけみれば、三和は情実融資まがいの戦後処理を「ナショナルリース」に付け回したということになる、と「週刊文春」の記事は指摘している。

三和の松下取りは挫折、松下社長も交代

ライト社事件の背景をズバリ突いた「週刊文春」のレポートだが、なぜ、三和と

「ナショナルリース」かも明らかにする必要がある。

「ナショナルリース」は他の松下グループと同じくもともとメインバンクは、住友銀行だった。その住友銀行を最大の競争相手とみる三和は、松下への食い込みをはかった。その突破口が松下製品のリース事業専門から一般貸し付けに手を広げた「ナショナルリース」だった。同社のトップに取り入り、結びつきをつよめたという。その結果、三和の「ナショナルリース」への融資残高は九二年三月末、七百三十億円に達し、住友の約五百億円を抜いて、メインバンクになった。これが、三和―ナショナルリース―ライト社の「セットファイナンス」が生まれたもう一つの背景である。

大阪の金融関係者は言う。「三和がナショナルリースで成功していれば、松下のメインバンクの座にすわるきっかけになっただろう。住友はイトマンを抱えて、それどころではなくナショナルリースのことはほっといてた。内心、三和の攻勢にビビっていた」

ライト社事件の表面化で、三和の松下取りは挫折し、逆に松下との間で大きなシコリを残した。

それは、世界の「松下電器」社長の突然の交代劇である。

谷井《たにい》昭雄《あきお》社長が、在任七年、四期目の途中で社長を辞任するだけでなく、取締役からも退き相談役になることが決まったのは、九三年二月二十三日の松下電器取締役会である。

辞任の背景には、九一年夏大阪地検が摘発した東洋信用金庫事件（尾上縫《おのうえぬい》事件）で、一〇〇％出資の子会社「ナショナルリース」が架空預金証書で五百億円を融資し、社員が逮捕されるなど不良貸付が発覚。九二年には、欠陥冷蔵庫問題が出て、メーカーとしての信用を失墜させたことなどがあった。東洋信金事件では副社長一人が引責辞任したが、谷井社長は辞めなかった。それで、松下正治《まつしたまさはる》会長らオーナー一族が強く反発、辞任は事実上の解任だった。

松下電器の社長交代劇
活力失い ひずみ噴出
「やっとけじめついた」
谷井社長が辞任
不祥事続き引責
子会社ナショナルリース
ライト社が最大の融資先
谷井氏会見
社長辞任の一因

社長辞任を報じる新聞

その谷井社長は辞任の記者会見で、「ナショナルリース」問題が辞任の主な理由であることを明らかにした。同社の最大の融資先はライト社で、最も

ライト社が入っている「大阪屋平野町ビル」（大阪市中央区）

多いときで一千億円近く融資。谷井社長はこのライト社問題を直轄していた。記者会見で、ライト社への融資と辞任の関係をただす質問に谷井社長は「特定の融資先というより、一連の問題に責任がある」と答えた。

三和は、融資は「ナショナルリース」とライト社の問題で関係ないと今日まで突っぱねている。しかし、大阪市が深くかかわった同市西淀川区御幣島の土地取引にからむ「ナショナルリース」の内部文書に、同社にライト社の「セットファイナンス」を持ち込んだ三和銀行プロジェクト開発室幹部の名前が出てくる。

渡辺頭取は六月引退、会長に退き〝院政〟へ

ライト社問題が表面化した際、八八年六月就任以来、三期六年の渡辺頭取に退任のうわさが根強くあった。しかし、とどまったため、「あれは、根も葉もないうわさと世間にアピールするため」という話が大阪の金融界でささやかれた。そして、「ナショナルリース」問題を主な理由にした松下社長辞任劇で、今度こそやめて当然という声が高まったが、逆に、次期頭取候補と目されていたライバルの副頭取を外に出した。

業務、経常、税引きで念願の「収益三冠王」を二年連続で達成、住友を抜いてトップバンクになった実績を背景に、一時は異例の四期目も続投するのではという声も出た渡辺頭取は、九四年六月には会長に退くとみられている。ライバル行の住友の磯田《いそだ》一《いち》郎《ろう》氏がかつて頭取から会長に退いたあとも「大皇」と呼ばれたように、「渡辺院政」をしくのは必至とみられている。

ライト社（現エー・アンド・ワイ）の郵便受け

現在、「エー・アンド・ワイ」と社名を変更しているライト社は、九三年九月末現在、「ナショナルリース」からの借入残高は八百十七億一千百万円にものぼっている。住友の「中興の祖」磯田前会長は、イトマンというダーティーワークで沈没した。渡辺頭取も、ライト社問題というダーティーワークを抱え込んだまま、三和の「中興の祖」になろうとしているのである。

第九章　倒産した村本建設の背後に「政治家」と「解放同盟」の影

五千九百億円という史上最大の負債を抱えて倒産した「村本建設」は、服部安司《はっとりやすし》元郵政相など政治家と結びつき大きく成長した。倒産の原因は無謀なゴルフ場建設計画の破綻《はたん》だが、暴力団の影がチラついたプロジェクトもある。数々の疑惑のカギを握る開発担当兼経理部長（取締役）が鉄道自殺してしまったいま、真相は解明できるのだろうか。

元取締役の自殺

一九九三年十一月六日午後二時二十五分ごろ、奈良県生駒《いこま》郡三郷町《さんごうちょう》のＪＲ関西線三郷駅のホームから一人の中年の男が線路に飛び込んだ。その男は、猛スピードで来あわせた同駅通過の大阪・湊町《みなとまち》行き快速電車にあっという間もなくはねられ、即死した。男は、知らせで駆けつけた地元警察の調べで、所持品などから奈良県・広陵町《こうりょうちょう》に本社を置く中堅ゼネコン「村本建設」前取締役の大川好彦さん（五十三歳）とわかった。電車の運転手の証言などから自殺とみられた。

自殺した大川さんが役員をしていた「村本建設」（資本金二十四億円、村本豊弘社長、従業員二千二百人）は、この十一月一日、五千九百億円という戦後最大の負債を抱えて、会社更生法の適用を大阪地裁に申請、事実上倒産したばかりだった。大川さんはその「村本建設」の取締役を九月二十日付で辞任し、会社も退職していた。在任中は経理部長をしており、倒産に至るまでの間、手形処理などカネのやり繰りに追われ、心労による自殺とみられた。

大川元経理部長の自殺は、「村本建設」と取引のあった企業の間では「おとなしい人で、自殺なんてする人ではなかった」と驚きをもって受けとめられる一方で、「これで死人に口なしや」とつぶやく関係者もいた。

村本建設大阪本社（大阪市天王寺区）

服部元郵政相と二人三脚で成長

経理担当役員を自殺に追い込んだ「村本建設」の倒産は、出口の見えない不況に追い打ちをかけるように各方面に衝撃を与えた。倒産時、全国で五百件以上二千億円の工事を受注しており、十一月八日、東京と大阪で開かれた債権者説明会には下請業者ら約三千人が詰めかけた。会社側の説明に納得できないとして一斉に抗議するなど、会場が一時騒然となることもあった。西日本だけでも約百件あった公共事業の発注自治体のなかには、工事を中断したり、契約を解除するところも出た。

その「村本建設」とはどんな企業なのか。創業は一九〇八年と古く、五六年に個人から法人組織に改組。このとき前会長の村本豊嗣氏が代表取締役に就任した。代表権を持つ取締役でもあるオーナー一族五人が発行済み株式の九二％を所有する典型的な同族会社である。グループ企業二十七社を数え、奈良県下ではダントツ、全国的にも完成工事高では二十四位にランクされる中堅ゼネコンにまで成長した背景に、元郵政大臣である地元奈良選出の服部安司・自民党元代議士との強い結びつきがあったとされる。

服部元郵政相は、「村本建設」の本社がある奈良県広陵町の隣町、同県上牧町《かんまきちょう》の出身。毎日新聞社会部著の『たかり——ＫＤＤの陰謀』（講談社）によると、一九四五年の終戦直後に上牧村（当時）村長に就任した服部氏が手がけた、新制中学の校舎建設を請け負ったのが「村本建設」だった。服部氏はその後、奈良県議、衆議院議員と政治家としての階段をのぼり、自民党建設部会長、衆議院建設常任委員長、国土開発調査会会長などを歴任し、いわゆる「建設族」として力をつけていった。
「村本建設」は、この服部氏を会社をあげて応援。受注する公共事業は自治体から建設省など国の段階にまで広がった。このため、地元では服部元郵政相と「村本建設」とは「二人三脚」と呼ばれた。服部氏が郵政政務次官になった六四年には、「村本建設」は、郵政省の指定業者になり、七七年郵政大臣になると、同省関連の受汻工事は

負債5900億円　最大の倒産
中堅ゼネコン・村本建設
不動産投資に
負債5900億円、戦後
奈良の中堅ゼネコン　村本建設
村本建設の取締役が
経理担当、倒産絡みで

村本建設の倒産を報じる新聞

飛躍的に拡大。一年足らずの間に、受注額は五十二億円にもなった。服部氏はさる七九年暮れから八〇年四月末まで新聞紙面をにぎわし、警視庁が捜査に着手し、郵政官僚や関係者計五人を逮捕した先の「KDD事件」で、本人への贈答、オーナー会社や秘書などとの不明朗なカネの流れが発覚したため、直後にあった衆議院選への出馬を断念せざるをえなかった。

　服部氏が郵政関係に影響力を持っていた七八年十月、「村本建設」は「KDD」寮の改修工事を初めて請け負い、事件発覚前の七九年初夏には同軽井沢《かるいさわ》保養

所を受注するなど、「ＫＤＤ」に食い込んだ。このため、バックに服部氏がいたためではないかと、取りざたされたことがある。

今回の倒産では、直前まで服部氏は「村本建設」支援のため金融機関を走りまわっており、あらためて両者のつながりの深さを見せつけた。「村本建設」は、この服部氏にかぎらず、選挙ともなると九三年夏初当選した自民党の田野瀬《たのせ》良太郎《りょうたろう》代議士をはじめ、奈良県選出の保守系議員を応援してきたこともよく知られている。

ゴルフ場開発の失敗が倒産の引き金に

ところで、「村本建設」の倒産の直接の原因は、本業の土木建設業以外の不動産開発がバブル崩壊で行き詰まったためといわれている。事実不動産開発への投資は、リゾート、ゴルフ場、マンション、宅地開発など二千億円を超えていた。これらの事業の多くが行き詰まり、トラブルも起こしていた。しかも、投資した事業の開発会社への、万が一の際返済責任を負う融資した金融機関への債務保証は、約一千七百億円にもなっていた。

とりわけ、子会社を使ったり、新会社をつくってのゴルフ場関連開発では、全国十三ヵ所で六百七十六億円もの債務保証をしていた。しかし、これまでオープンしたのは山梨県のゴルフ場一件だけ。残りは開発許可されたもののトラブルで中止したり、途中で事業化を延期したり、完全に行き詰まっていた。このゴルフ場開発の失敗が、大和銀行、南都銀行、第一勧業銀行、日本長期信用銀行の主要取引銀行四行の「村本建設」支援打ち切り、倒産の引き金になったともいわれている。

村本建設が巨額の債務保証をした宝山ゴルフ場予定地（京都府亀岡市）

その一つが、京都府と大阪府茨木《いばらき》市の境にある京都府亀岡《かめおか》市東別院町《ひがしべついんちょう》のタカラ山ですすめられている「宝山ゴルフ倶楽部」（約百三十三ヘクタール、十八ホール）である。同ゴルフ場は、大阪市北区の不動産開発会社「西谷観光開発」（資本金八千万円、前田栄熙社長）が、さる八六年に京都府に開発のための事前協議を申請して始まったもので、同社は八九年五月から用地買収に入り、九一年末には全地権者四十六人との契約を終了。九二年十一月に京都府の開発許可を取り付けていた。

事業主体の「西谷観光開発」はもともと、大阪市北区の

「堂島ホテル」経営会社役員がゴルフ場建設を目的にしてさる八四年九月設立。関係者の話によると、造成工事は当初大手ゼネコンが乗り出す動きがあったが、結局、「村本建設」が請け負うことになった。それも、事業資金調達を含め全面的に責任を負うというもので、八七年十一月にはホテル経営会社役員にかわって、現社長の前田氏が代表取締役に就任した。

土地買収費用は、「村本建設」が債務保証して金融機関から借り入れた八十一億円のうち五十五億円があてられた。八十一億円の債務保証は、ゴルフ場開発の実績ゼロの会社にしては巨額なものだった。ましてや、開発許可も下りていなかった。

にもかかわらず、「村本建設」は、同ゴルフ場開発に異例というほどのテコ入れ。株式の大半を所有するとともに九一年七月には、冒頭の鉄道自殺した大川取締役経理部長を代表取締役会長として送り込んだのをはじめ、村本昌亮・副社長ら「村本建設」関係者が役員に名を連ねるなど、「西谷観光開発」を子会社化。九二年五月には、造成工事資金として百二十億円の融資証明書を出した。

元社員の告発で判明した多額の裏金

しかし、この開発でもトラブルが続出した。たとえば、巨額の債務保証で行われた土地買収について、「西谷観光開発」の元社員が国土法違反があったとして九二年五月、大阪地検に告発した。告発状や関係者の話によると、「西谷観光開発」はゴルフ場用地の土地買収に際し、地権者に対し国土法にもとづく取引制限価格を上回る金額を「調整金」の名目で支払っていたというものである。同社の内部資料によると、三十二ヘクタールを売却した地権者の場合、国土法にもとづく届け出価格は七億九千八

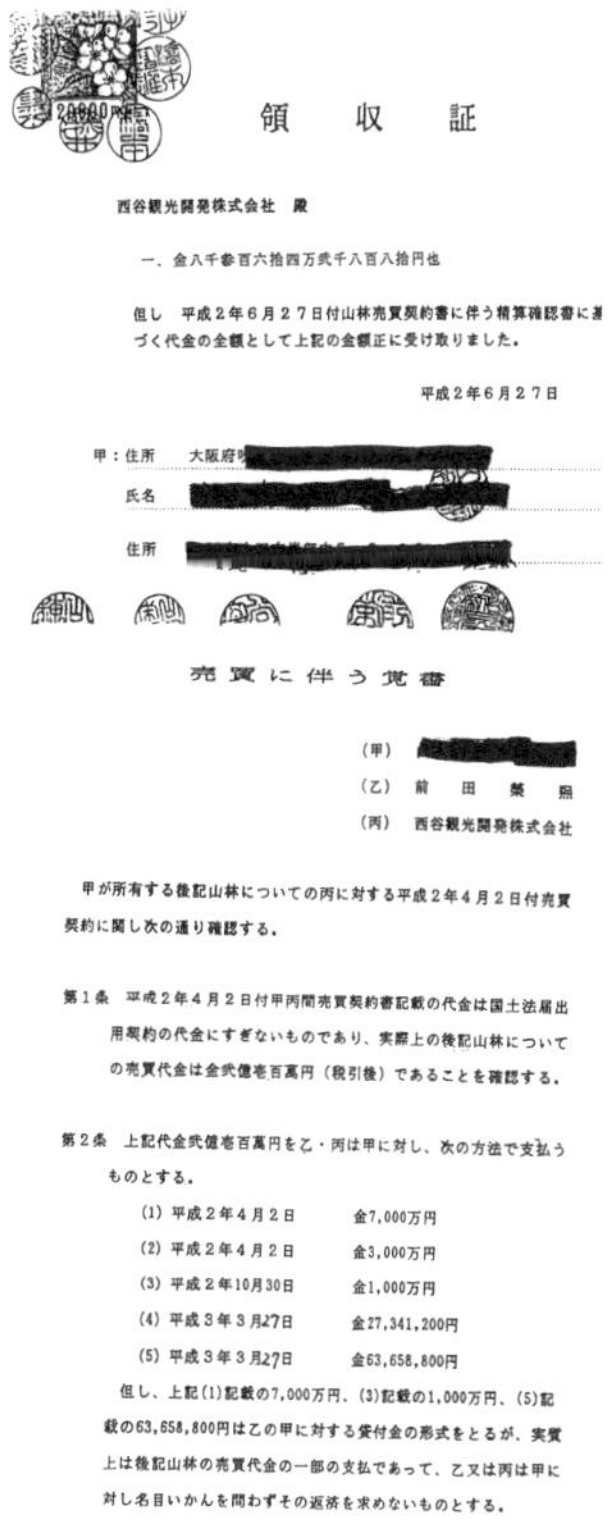

領　収　証

西谷観光開発株式会社　殿

一、金八千参百六拾四万弐千八百八拾円也

但し　平成2年6月27日付山林売買契約書に伴う精算確認書に基づく代金の全額として上記の金額正に受け取りました。

平成2年6月27日

甲：住所　大阪府[redacted]

氏名　[redacted]

住所　[redacted]

売買に伴う覚書

（甲）　[redacted]

（乙）　前田榮照

（丙）　西谷観光開発株式会社

甲が所有する後記山林についての丙に対する平成2年4月2日付売買契約に関し次の通り確認する。

第1条　平成2年4月2日付甲丙間売買契約書記載の代金は国土法届出用契約の代金にすぎないものであり、実際上の後記山林についての売買代金は金弐億壱百萬円（税引後）であることを確認する。

第2条　上記代金弐億壱百萬円を乙・丙は甲に対し、次の方法で支払うものとする。

(1) 平成2年4月2日　金7,000万円
(2) 平成2年4月2日　金3,000万円
(3) 平成2年10月30日　金1,000万円
(4) 平成3年3月27日　金27,341,200円
(5) 平成3年3月27日　金63,658,800円

但し、上記(1)記載の7,000万円、(3)記載の1,000万円、(5)記載の63,658,800円は乙の甲に対する貸付金の形式をとるが、実質上は後記山林の売買代金の一部の支払であって、乙又は丙は甲に対し名目いかんを問わずその返済を求めないものとする。

地権者に裏金が渡されたことを示す領収書と覚書

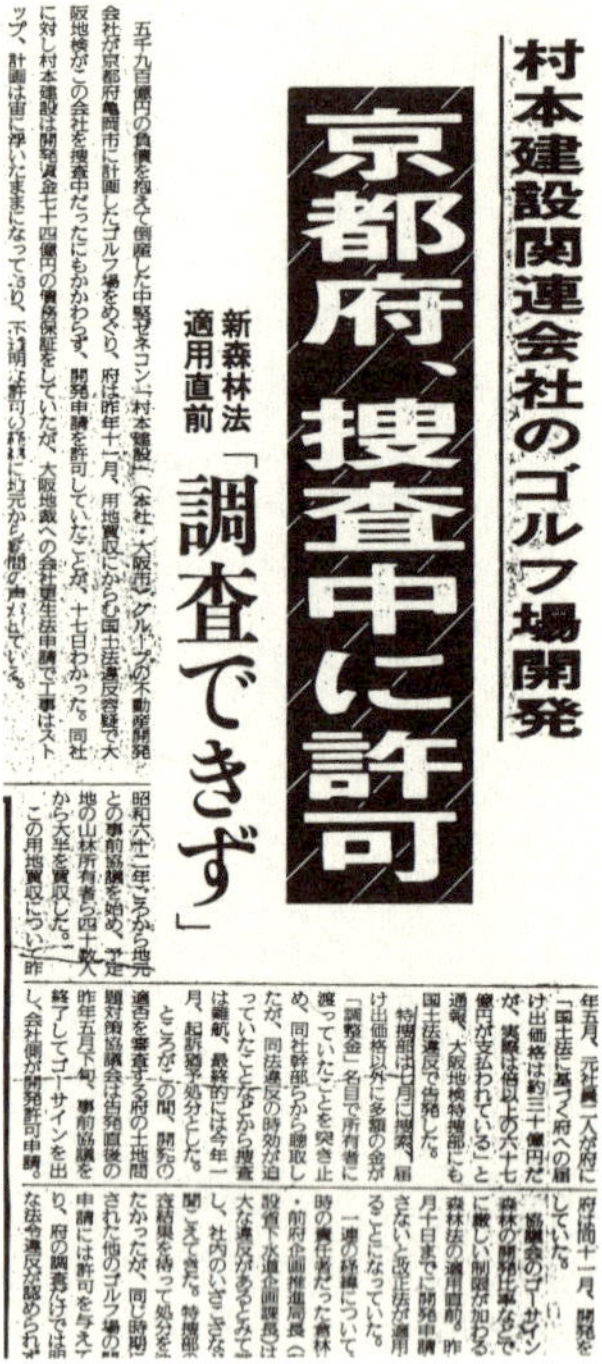

村本建設関連会社のゴルフ場開発

京都府、捜査中に許可

新森林法適用直前

「調査できず」

五千九百億円の負債を抱えて倒産した中堅ゼネコン「村本建設」（本社・大阪市）グループの不動産開発会社が京都府亀岡市に計画したゴルフ場をめぐり、府は昨年十一月、用地買収にからむ国土法違反容疑で大阪地検がこの会社を捜査中だったにもかかわらず、開発申請を許可していたことが、十七日わかった。同社に対し村本建設は開発資金七十四億円の債務保証をしていたが、大阪地裁への会社更生法申請で工事はストップ、計画は宙に浮いたままになっており、不透明な許可の経緯に地元から疑問の声が出ている。

昭和六十二年ごろから地元との事前協議を始め、予定地の山林所有者ら四十数人から大半を買収した。この用地買収について昨年五月、元社員二人が府に「国土法に基づく府への届け出価格は約三十億円だが、実際は倍以上の六十七億円が支払われている」と通報、大阪地検特捜部にも国土法違反で告発した。

特捜部は七月に捜索、届け出価格以外に多額の金が「調整金」名目で所有者に渡っていたことを突き止め、同社幹部らから聴取したが、同法違反の時効が迫っていたことなどから捜査は難航、最終的には今年一月、起訴猶予処分とした。

ところがこの間、開発の適否を審査する府の土地問題対策協議会は告発直後の昨年五月下旬、事前協議を終了してゴーサインを出し、会社側が開発許可申請。府は同十一月、開発を許可していた。

協議会のゴーサイン森林の開発比率などでに厳しい制限が加わる森林法の適用直前。昨月十日までに開発申請さないと改正法が適用ることになっていた。

一連の経緯について時の責任者だった森林・前府企画推進局長（設省下水道企画課長）は大な違反があるとみてし、社内のいざこざな聞こえてきた。特捜部査結果を待って処分をたかったが、同じ時期された他のゴルフ場の申請には許可を与えてり、府の調査だけではな法令違反が認められ

京都府の「開発許可」を報じる新聞

百万円だが、「調整金」として別に十一億二百万円を支払い、「覚書」を交わしていた。

内部資料の一つ、「ゴルフ場土地代集計表」によると九〇年六月時点の買収価格は、国土法届け出価格は総額で二十九億二千九百万円、「調整金」は総額三十八億二千七百万円の計六十七億五千六百万円と予想。同年十一月末現在で支払われた実際の買収金額は、計六十三億六千七百万円で、国土法の届け出価格の二倍にもなっていた。

元社員の告発を受けて大阪地検は、九二年七月「西谷観光開発」を捜索、同社幹部らから事情聴取するなどして、届け出価格以外に「調整金」名目で「裏金」が渡っていたことをつきとめたが、時効が迫っていたことなどもあり捜査は難航。結局、九三

年一月、起訴猶予処分とした。

なぜか京都府は駆け込み申請を許可

京都府は、元社員から告発があった直後の五月下旬、「宝山ゴルフ倶楽部」開発の事前協議を終了し、ゴーサインを出した。これを受け、「西谷観光開発」は開発許可申請をした。ゴルフ場開発がむずかしくなる六月十日が期限の改正森林法適用直前の駆け込みだった。京都府は、大阪地検が捜査中の十一月には、開発を許可しており、駆け込み申請と合わせて、経過が不透明という声が出た。関係者によると、当時、地元選出の自民党代議士が開発許可のため動いたといい、そのために「西谷観光開発」側が同代議士に働きかけをしたといわれている。当時の京都府の担当局長は、同代議士が所属していた旧竹下派が絶大な影響力を誇った建設省から出向していた。

国土法違反容疑だけではなく、同社が地元亀岡市に提出した開発に必要な手続きである買収した土地の「農地転用申請」では、ゴルフ場の下流にあたる大阪府茨木《いばらき》市が同意したかのように装った「公害防止協定書」（案）を勝手につくったりした。茨木市は予定地が水源になるため環境破壊や水質汚染を心配する住民らが建設反対運動を起こし、市議会は九〇年九月、ゴルフ場開発中止を求める決議をあげていた。開発許可が下りたあとも、約束していた地元自治会や漁協への協力金九千六百万円が支払えず、督促状を送られるなどした。造成地への進入路工事は、地元財産区の許可を得ず勝手に始めたりデタラメというほかはなかった。

開発予定地は、稀少種のオオタカや天然記念物のオオサンショウウオなども生息。こうしたことから「亀岡の水と環境を考える市民の会」(佐藤一男世話人)など住民団体がゴルフ場建設反対の運動を起こし、京都府に許可取り消しと稀少種の保護を求めた。

「宝山ゴルフ倶楽部」は現在、工事を中断したままで、開発業者「西谷観光開発」に対する「村本建設」の損失は三十七億円と見込まれている。

地元奈良県でも四ヵ所のゴルフ場計画

「村本建設」は本社所在地の地元奈良県でも子会社や新会社を使って、四ヵ所のゴルフ場を計画したが、ここでも資金の不明朗な使い方や地元住民とのトラブルが発生している。四ヵ所のゴルフ場とは、奈良県山辺《やまべ》郡山添《やまぞえ》村での「センチュリー奈良」(百十ヘクタール、十八ホール)、同吉野《よしの》郡吉野町での「吉野桜カントリークラブ」(百十ヘクタール、十八ホール)、同高市《たかいち》郡高取町《たかとりちょう》での「高取カントリークラブ」(百五ヘクタール、十八ホール)、奈良市での「奈良メモリアルカントリークラブ」(百六十ヘクタール)。

このうち、「村本建設」六〇・二五%、「伊藤忠商事」三三・七五%、「第一勧業銀行」五%、「南都銀行」一%出資の「村本総合開発」がすすめている「センチュリー奈良」は、地元住民が農薬汚染や環境破壊につながるとして反対運動を起こし、県の森林開発許可には行政不服審査の申し立て。同ゴルフ場に「村本建設」は土地買収などで四十五億円を投入したが、いまのところ一億一千四百万円が回収不能になっている。

「村本建設」一〇〇%出資の「奈良森林観光開発」の「吉野桜カントリークラブ」は、債務保証による金融機関からの借り入れ三十七億円とゴルフ会員権預託金二十億円の計五十七億円を資金に、うち三十六億円を土地買収費にあてた。ゴルフ場は、桜の名所・吉野山沿いに建設がすすめられていたが、自然環境や歴史的景観が損なわれるとして地元住民計二千三百九十四人が一次、二次にわたって建設差し止め訴訟を起こしている。

「村本建設」五五％、「トーア」四五％出資の「奈良グリンピア」が、債務保証による「南都銀行」からの八十五億円融資を含め計九十二億円を投じて開発をすすめた「高取カントリークラブ」は、予定地が簡易水道の水源地になっていることから農薬汚染が問題化し、住民からは反対の声があがった。高取町は、開発同意の条件として飲料水用の上水道設置の約束を「奈良グリンピア」側と締結したものの、同社が経営不振に陥ったため、計画が実行されるかわからないとして九三年八月、同社名義の銀行預金五億円に質権を設定している。同ゴルフ場開発で、「村本建設」はいままでは七十八億円の損失が見込まれている。

これら三ゴルフ場は、九二年末から九三年初めにかけてわずか三週間の間に、奈良県が次々に開発を許可。同一会社系への同時許可は異例のこととして、疑問が持ちあがった。同時に、「村本建設」系への許可で県の「ゴルフ場開発事業の規制に関する要綱」で定めている、ゴルフ場面積は県土面積のおおむね一％との枠を突破することになった。

いまも開発許可が出ていない「奈良メモリアルカントリークラブ」の場合は、疑惑に満ちたものになっている。同ゴルフ場は、奈良市東部の山間部、忍辱山町《にんにくせんちょう》・誓多林《せたりん》町《ちょう》などにまたがる山林に計画され、五分の三が借地で、残りは買収することになっている。事業主体は、このゴルフ場建設を目的に「村本建設」が二五％出資して八九年十二月設立された「奈良メモリアルカントリー倶楽部」（奈良市宝来《ほうらい》、資本金二千五百万円、池田久社長）。

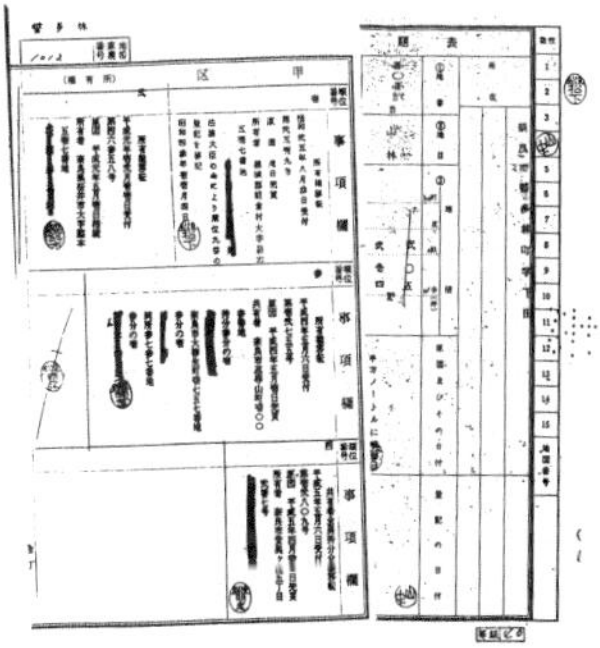

池田久氏の親族の名義で取得された奈良メモリアルカントリークラブの土地登記簿

同社は「村本建設」の債務保証で地元の「南都銀行」から約二十三億円の融資を受け、うち九億円が用地取得資金として池田社長に仮払いされているが、買収した土地の名義は会社ではなく、池田社長の親族でもある同社元役員の名義になっている。国土法にもとづく届け出の利用目的も「ゴルフ場」ではなく、「資産保有」目的になっている。

同社は予定地でゴルフ場を建設するということで奈良市と事前の話をすすめ、庁内でも

村本建設グループ体系図

「村本建設」と村本一族のグループ各社との出資関係、グループ各社に対する1993年10月31日現在での純債権額と債務保証の関係は体系図の通り。

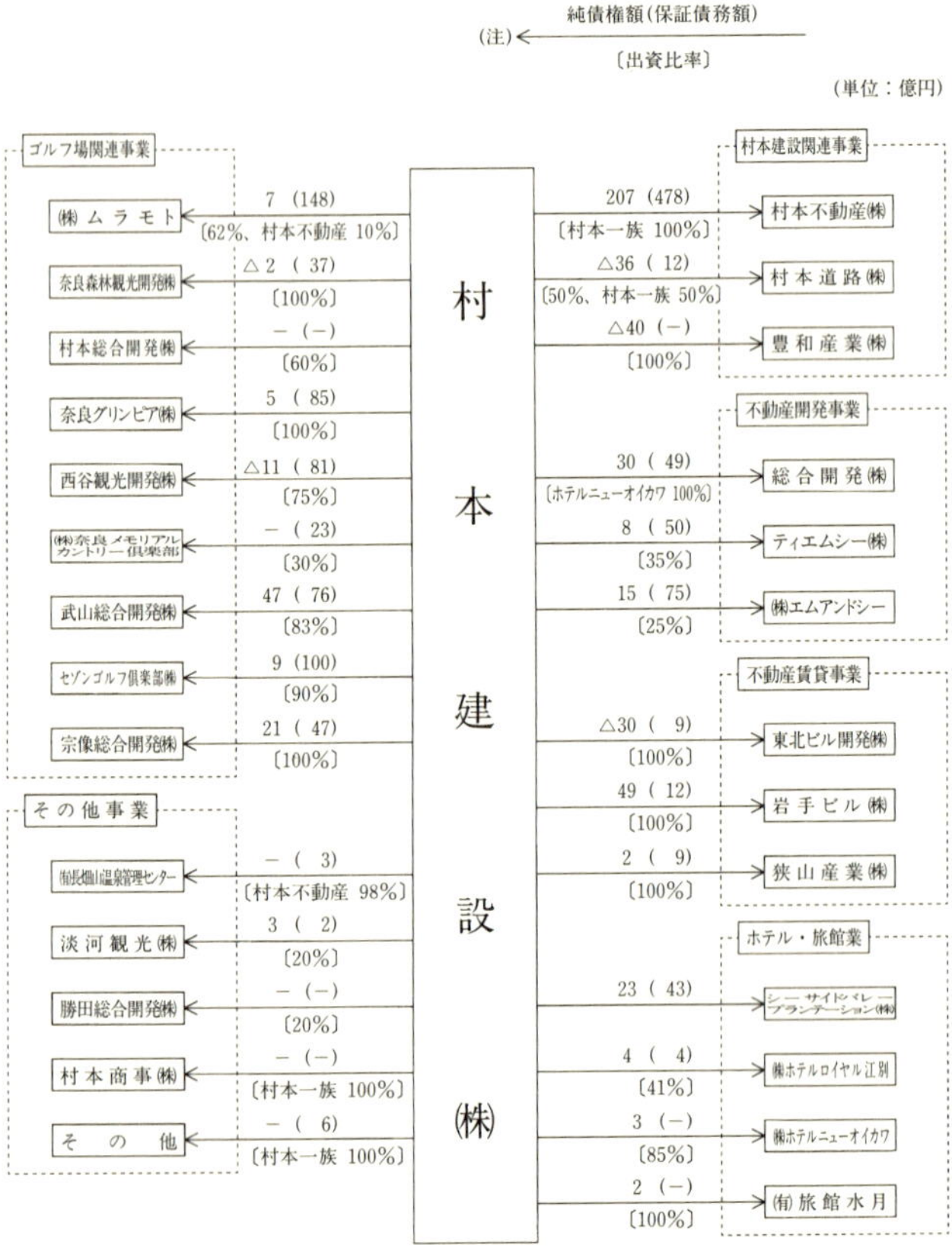

1993年12月13日、「朝日監査法人」が大阪地裁に提出した「調査委員の意見の要旨」から作成。

調整会議が数回持たれている。にもかかわらず、個人の資産保有名目で土地を買収しているのは国土法にかかわる煩雑な審査をのがれるための手法で、明らかに虚偽の申告である。

「奈良メモリアル」めぐる不可解な動き

一方、この「奈良メモリアル」について、最終的な開発許可権者である奈良県と地元奈良市との間での食い違いも浮上した。奈良県はゴルフ場開発規制要綱にもとづき、八九年一月、県下各市町村長あて「今後のゴルフ場開発計画について」と題する通達を出している。そこでは、「県に報告済のゴルフ場計画を除き、原則として事前協議は受け付けない」としている。「奈良メモリアル」は、通達の時点では奈良市から県に報告されていない。

このため、県の段階では当然事前協議の対象になっていない。また、「一％」枠から奈良市の場合、先発の事前協議に入っているもの二ヵ所、計画中二ヵ所の計四ヵ所で打ち切りになっているのに、同市は「熟度の高いものから進めている」と、後発の「奈良メモリアル」を優先させる方向での県への働きかけを示唆した。

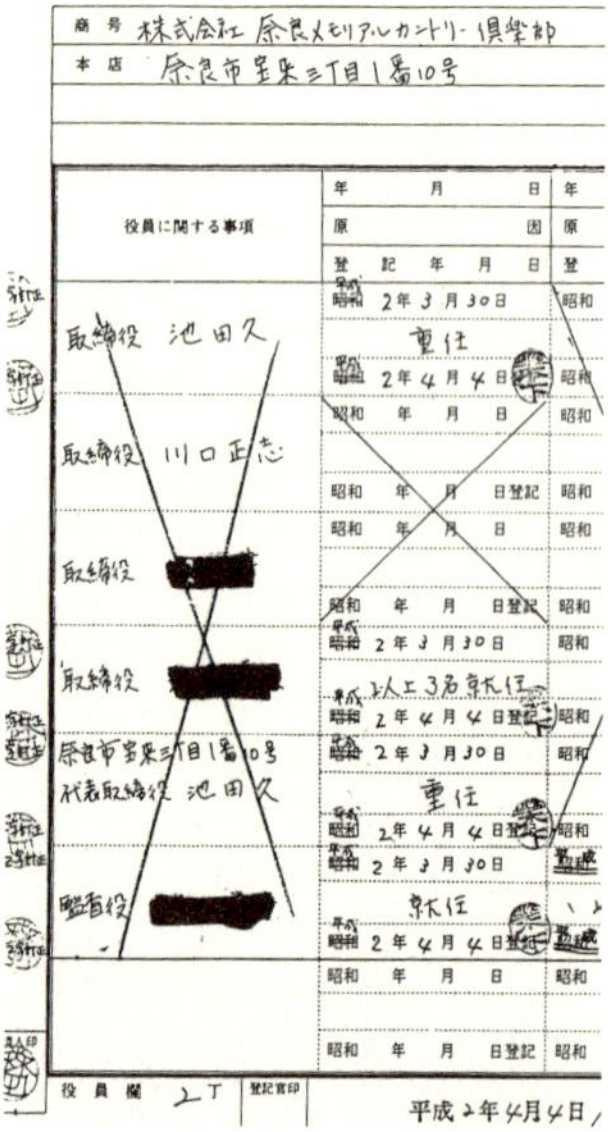

商号 株式会社 奈良メモリアルカントリー倶楽部
本店 奈良市宝来三丁目1番10号

役員に関する事項	年月日	原因	登記年月日
取締役 池田久	平成2年3月30日	重任	平成2年4月4日
取締役 川口正志	昭和 年 月 日		昭和 年 月 日登記
取締役 [redacted]	昭和 年 月 日		昭和 年 月 日登記
取締役 [redacted]	平成2年3月30日	以上3名就任	平成2年4月4日登記
奈良市宝来三丁目1番10号 代表取締役 池田久	平成2年3月30日	重任	平成2年4月4日登記
監査役 [redacted]	平成2年3月30日	就任	平成2年4月4日登記
	昭和 年 月 日		昭和 年 月 日登記

役員欄 2丁 登記官印 平成2年4月4日

奈良県政の実力者の一人、川口正志奈良県議（社会党）＝「解放同盟」奈良県連委員長が役員に就任していた「奈良メモリアルカントリー倶楽部」

この不可解な動きの背景に、奈良県政の暗部がかかわっているという指摘がある。というのは、「奈良メモリアル」設立直後の九〇年三月、社会党奈良県議で「部落解放同盟奈良県連委員長」の川口正志氏が、長男とともに役員に就任。川口氏は翌九一年三月末辞任したが、長男はそのまま役員に名前を連ねているからだ。川口氏は、さる八一年から九三年九月まで十一期十二年間にわたって県会議長をつとめ県保守政界に君臨してきた自民党の浅川清県議、暴力団山口組の大幹部である倉本広文・倉本組組長の三者のラインで奈良県政の利権構造を牛耳ってきたといわれるほどの「実力者」である。

川口氏は、かつて奈良県で国体があった際、選出の同県御所《ごせ》市に建設された国体ラグビー場建設をめぐる土地転がし事件で、当局の調べによれば一億二千万円の利ザヤを手にした人物としても登場する。その川口氏が役員をしていた「奈良メモリアル」の池田社長とは、一心同体の関係にある。「奈良メモリアル」は、その池田氏が設立した「池田出版印刷社」と同じところにある。同出版印刷社は、県下の小・中・高校に押しつけられている同和教育副読本『なかま』をはじめ、同和問題にかかわる印刷物のほとんどを請け負う会社ということで知られている。

いわば、奈良県政のタブーにつつまれた人物らがゴルフ場開発をすすめているわけで、事実、川口氏はゴルフ場問題で奈良市に何度も足を運んでいる。今回の「村本建設」の倒産にからんで、ゴルフ場建設の実績もない、自己資金もない、「奈良メモリアル」に債務保証したのは、この川口氏の仲介だったのでは、と地元紙が書いた。奈良市の「奈良メモリアル」優先発言も、この川口氏の働きかけを抜きにしては考えられないものである。

「村本建設」は、部落解放同盟直結の建設業者団体である同和建設協会加盟業者であり、かつては「解同」系の税金対策組織である「中企連」会員でもあった。一方の川口氏は、「奈良県部落解放企業連合会」顧問、「奈良県中小企業連合会」（奈良中企連）

会長など、解放同盟系の業者団体幹部の経歴を持っており、両者はもとからかかわりがあった。だから、「村本建設」が資金も出し、債務保証もしてゴルフ場開発をすすめたのである。

福岡、山口でも宙に浮いた開発計画

このほかにも、全国各地で巨額の投資をしたり、債務保証をしたプロジェクトで「なぜこんなことにカネを使うのか」と首をかしげたくなるズサンなものが多かった。たとえば、九州の福岡県宗像《むなかた》市では、一〇〇%出資の「宗像総合開発」という会社をつくり、七十九・二ヘクタール、十八ホールのゴルフ場をつくるとしていたが、地元はゴルフ場凍結宣言をしており、初めから計画は成り立たないものだった。にもかかわらず、内部資料によると、これまでに金融機関から四十七億円、「村本建設」から二十一億円の計六十八億円を投入した。

開発予定地はもともと、さる七三年ごろ大手の「伊藤忠商事」が宅地開発目的で買収を始めたところ。しかし、その後の都市計画法の見直しで宅地化できなくなったため、開発計画は十年以上も中断。八六年、「伊藤忠商事」は、開発目的を宅地からゴ

村本建設の開発プロジェクト明細表（内部資料）

ルフ場に変更したが、地元は水源問題などから厳しい態度をとった。このため、開発許可はとれないまま、同社は二年後の八八年、系列の「伊藤忠不動産」に買収地を売却。翌八九年三月には、その「伊藤忠不動産」が、「村本建設」の子会社である「宗像総合開発」に転売して今日に至っている。

ところが、この間、地元宗像市は正式にゴルフ場開発の凍結を宣言しており、見通しは全く立っていない。このことでは、倒産時「村本建設」は、マスコミなど外に対しては、「地元宗像市はいずれ方針が緩和される。ゴルフ場をつくる意思はかわらない」と言いながら、下請けなど債権者に対しては「宅地化する」と全く異なる説明をした。開発予定地の買収価格を「村本建設」側は、約六十億円としているのに、地元市関係者は「伊藤忠不動産」は約四十億円で売ったと聞いている、と売買価格に二十億円もの差が出ている。このゴルフ場建設の行き詰まりで、「村本建設」は、五十五億円の損失が見込まれている。

兵庫県尼崎《あまがさき》市に「カサベラ光和」という不動産会社がある。同社は従業員わずか十数人の企業だが、ここがやる山口県大島《おおしま》郡と神戸市内のゴルフ場開発に、「村本建設」は計三十四億円の債務保証。山口県での開発は、ゴルフ場のほか、ホテル、アスレチックなど百ヘクタールの一大リゾート地をつくるとして、地元山口県、山口市、キリンビール、宇部興産も入って資本金一億二千万円の「長浦リゾート開発」という会社もつくってすすめていたが、事業化はいま宙に浮いている。なぜ、これだけの大がかりな開発計画にはおよそふさわしくない会社規模の「カサベラ光和」が参画し、しかも中心になったのか不思議だが、自殺した大川元取締役は、同社に経理担当役員として入っていた。

暴力団の影ちらつくプロジェクトも

京都府相楽《そうらく》郡木津町《きづちょう》では、大手スーパーの「ニチイ」が進出するといって、一万平方メートルの土地買収を計画。内部資料では、これまでに二十二億円を投資し約三割を買収。今後、四十億円を投資する予定で、残地の買収資金は「ニチイ」から引き出す、買収した土地は「ニナイ」に売却し、できるショッピングデパートは「村本建設」が特命で受注するとの、シナリオも書かれている。ところが、木津町にはいまのところ「ニチイ」どころか、大手スーパーの進出計画もなく、地元でもこの土地買収は「いったい何のため」と不思議がられている。買収地はいま、更地のまま放置されている。

「村本建設」から債務保証を受け百億円以上の融資を受けていたことから連鎖倒産、大阪地裁に和議申請した医療法人「和同会」（本部・大阪府豊中《とよなか》市）は、医療法にもとづく大阪府への会計報告では融資額は二十六億円と偽っていた。十四年前、病院建設のため債務保証してもらった約十億円を金融機関に返済しているように見せるため、「村本建設」に手形を切ってもらい、それが膨れあがったものだった。この百億円は無担保融資のうえ、そのうちのかなりの額が「村本建設」側に還流した疑いも持たれている。「和同会」の理事長は九三年暮れから年明けにかけて失踪《しっそう》中である。

暴力団の影がチラついたプロジェクトもある。大阪府吹田《すいた》市に「パルムハウス江坂」（十三階建て、百三十戸）という分譲マンションがある。このマンションを「村本建設」は、神戸市内の不動産業者に資金提供し、地上げさせた。百三十戸のうち六十八戸まで買収したところで、住民の抵抗にあい、地上げは失敗。このため、買収したマンションの所有権はすべて関連会社である「村本不動産」（本社・奈良県大和高《やまとたか》田《だ》市）に九〇年移転した。ところが、この所有権移転は「村本」側が勝手にやったことだとして、神戸の不動産業者が所有権移転登記の取り消しを求めて訴訟を起こすなど、トラブルになっている。

「村本」が共同事業者として組んだこの不動産業者は、暴力団とつながりがある業者だった。このマンションの地上げに、「村本建設」は四十五億円の債務保証をし、四十億円が使われた。

大阪・ミナミでは、大手不動産会社に事務所用ビルを建てて売却するとして約三千五百平方メートルを買収した。この土地の地上げには、先の吹田市内のマンションを地上げした神戸市内の不動産業者と元山口組系暴力団幹部が社長の大阪市内の不動産業者がかかわった。この事業に「村本建設」は三百八十四億円を投資したが、事務所用ビルが建つ見通しはなく、現在駐車場として使われている。自殺した大川元取締役は、この暴力団とつながりがある神戸の不動産会社の経理

村本建設が暴力団関係業者とともに地上げをすすめた大阪・吹田市内のマンション

村本建設が384億円を投入して地上げした大阪・ミナミの土地（現在、駐車場）

担当役員もやっていた。

夕刊紙「大阪日日新聞」の大株主であるゴルフ場開発会社「ニチゴ」（北村守社長、大阪市）に対して「村本建設」は、工事代金や金融機関への返済金など約百十一億円が回収できずにいる。このため、「ニチゴ」グループが持っているゴルフ場「紀泉ロイヤルゴルフ倶楽部」（和歌山県粉河町《こかわちょう》）と「デイリー＆ジャパンカントリークラブ」（三重県阿山町《あやまちょう》）の土地と建物に、それぞれ五十億円、八十億円の計百三十億円の根抵当権を設定。

両ゴルフ場の会員権も、それぞれ五百枚、三百五十枚の計八百五十枚を担保として押さえ、系列の「北村興産」所有の大阪市北区の市場の土地にも、十億円の根抵当権を設定している。

「ニチゴ」側は九三年十一月二十二日、ゴルフ場の工事代金が支払い不能になったとして「村本建設」側に上申書を提出、協議に入っている。「ニチゴ」が危機に陥れば、当然、北村社長が会長をしている「大阪日日新聞」にも影響が出るものとみられている。

東京高検検事にゴルフ会員権渡す

「村本建設」の債務保証で金融機関から百億円の融資を受け、千葉県成田市《なりた》で八十六ヘクタール、十八ホールのゴルフ場「セゾンゴルフクラブ」の開発をすすめていた東京都渋谷区の不動産会社「世創」の社長が、九三年三月まで公安調査庁の総務課長を兼任していた東京高検刑事部の福井大海検事に、二千五百万円のゴルフ会員権を渡していたことも発覚した。「世創」社長は外国人で、日本への帰化に便宜をはかってもらうため、公安調査庁幹部だった福井検事に近づいたものとみられた。福井検事は、ゼネコン汚職を捜査中の東京地検担当の高検検事だったことから、このゴルフ会員権譲渡問題は関係者に少なからぬ衝撃を与えた。

政治家とのかかわりでは、先の服部元郵政相以外にも、和歌山二区選出の東力《ひがしちから》・前自民党代議士にさる八六年秋、返済期限・金利なしで一億五千万円を貸し付けていたこともわかっている。このカネは、東氏が設立をすすめていたアメリカの大学の日本校の出資金といわれている。同日本校の建設工事受注を「村本建設」は、東氏側に働

村本建設から百十数億円を借りている「ニチゴ」（大阪市西区）

きかけていたという。

東氏が代表取締役をしていたゴルフ場開発会社「イースタンリゾート開発」（東京）の滋賀ゴルフ場建設（請負総額百四十五億円）でも、「村本建設」は九〇年春、「青木建設」を代表者とする共同企業体の一社として造成工事を受注するなど、事業を通じて関係が深かった。このゴルフ場は九一年九月オープンし営業中だが、「イースタンリゾート」は、九二年三月期決算から債務超過になり、いまは事実上「青木建設」の支配下に入っている。こうしたことから、工事費全体の未収金は百九億円にもなり、うち「村本建設」の分は約二十九億円滞っている。

このほか「村本建設」の松井弘顧問は、倒産時、六件・約三十二億円の工事を受注していた大阪市の西尾正也《にしおまさや》市長陣営の政治団体「大阪都市問題懇談会」の代表をしていた。「村本建設」は、工事を受注するため利用できる「政治家」とはあらゆるルートで接近していたのである。

八百四十億円が回収不能、債務負担も八百二十億円

各方面にさまざまな波紋を投げかけた倒産から約一月半たった九三年暮れの十二月十三日、大阪地裁から会社更生法の適用が妥当かどうかの調査委員に選任された「朝日監査法人」（大阪市北区）は、同地裁に報告書を提出した。報告書の結論は、ゴルフ場など開発事業の縮小、不動産など資産売却、金融機関の支援、人員の合理化などを条件に会社再建は可能とするものだった。

一方、同報告書は「村本建設」の倒産の内的要因のトップに社内審査体制の不備をあげ、そのなかで「特定の代表取締役と開発担当兼経理部長に権限が集中した形で、巨額不動産関連プロジェクトが推進されたことが、重大な弱点だった」と指摘した。ここで名指しされた開発担当兼経理部長とは、冒頭の鉄道自殺した大川元取締役のことである。これまで書いてきたように、大川元取締役が、不可解な出資企業や開発の

ほとんどにかかわってきたのは事実である。

さらに、グループ企業や取引先に貸し付けた資金や未回収の工事代金のうち約八百四十億円が回収不能で、ゴルフ場開発などで関連会社に債務保証した約一千七百億円のうち、約八百二十億円は、「村本建設」側が負担させられる可能性が高いことが判明。

また、村本豊嗣会長らオーナー一族五人の役員に、貸付金や立て替え金、未収金などの名目で総額約三十五億円を支出していたこともわかった。損失を計上していない決算をもとにオーナー一族に配当をしていたのは、商法二百九十条違反（違法配当）の可能性が高いとも指摘した。

オーナー一族退任、ゴルフ場から撤退

倒産した「村本建設」の保全管理人の鬼追明夫《きおいあきお》弁護士も同二十二日、条件付きで会社更生は可能とする最終意見書を大阪地裁に提出した。

会社再建は可能とするこの二つの意見書にもとづき大阪地裁は同二十七日、「村本建設」の更生手続き開始を決め、管財人に、保全管理人をつとめていた鬼追明夫弁護

士を選んだ。通常三〜六ヵ月かかるのが十一月一日の会社更生法の適用申請から二ヵ月足らずという異例の早さだった。戦後最大という負債額が示す通り、「破産」は社会的影響が大きすぎるという、考慮が働いたものだった。ゼネコンとしても初めての適用になった。

経営責任を問われたオーナー一族五人の役員も九三年暮れ、退任した。事実上の追放だった。「村本建設」の再建をすすめる鬼追明夫管財人は、九四年一月二十日、オープンした山梨県の一ヵ所、開発許可が出た奈良三、京都一の四ヵ所、ほかに未許可四ヵ所の計九ヵ所の全国のゴルフ場開発から撤退すると表明した。

しかし、数々の疑惑解明にはまだ手がつけられないでいる。九四年四月初旬、債権者らによる第一回関係者集会が大阪で開かれる。カギを握る大川元取締役の自殺で、文字通り「死人に口なし」ということになるのか、オーナー一族の刑事責任の行方も注目されている。

第十章　「金丸《かねまる》」企業に四十七億円支払った京都市——背後にイトマン人脈

京都市西京区大原野《にしきょうおおはらの》のポンポン山で計画されていたゴルフ場問題は、一九九二年五月、京都市が予定地を買い取るということで決着した。しかし四十七億円という買い取り価格の異常な高さは、背後に潜んでいた金丸《かねまる》金脈につながる丸金コーポレーションの存在が明るみになるに及んで再び大きな問題になってきている。田邊朋之《たなべともゆき》京都市長は、市民の金を弄《もてあそ》んで開発業者に多額の損失補塡《ほてん》をしたのではないかという疑惑さえ浮上している。四十七億円の根拠となった鑑定評価のナゾ。うわささされる政治家の介在。真相を追った。

バブルのように生まれ消えた会社

八九年六月二十三日、大小のオフィスビルが立ち並ぶ大阪市北区西天満《きたにしてんま》のビルの一室で、ある会社の設立総会が開かれた。十人ほどの出資者が出席し、総会は短時間で終わったという。設立された会社の資本金は三千万円。会社は、ゴルフ場の開発、企画、設計、調査、管理などのコンサルタント業をはじめ、ゴルフ場やクラブハウスの経営などを目的としていた。

設立総会を開いた一室がそのまま会社事務所となったが、設立後二ヵ月足らずで中央区南船場《みなみせんば》に移転する。一年あまりでその事務所も引き払い、九〇年十一月には高槻《たかつき》市内に移転する。会社は、設立から一年半の間に三ヵ所を転々とし、九三年二月、突如解散する。設立から数えてもわずか三年八ヵ月だった。会社は、泡のように、つまりバブルのように生まれ、そして消えた。

設立当初、「株式会社アイ・エヌ・ピー」と称していた会社が解散したときの名前は、「株式会社北摂カントリー倶楽部」。ポンポン山ゴルフ場計画に登場し、九二年七月、京都市から四十七億五千六百二十三万円を受け取った会社である。その約四十七億円は、会社の解散とともに闇の中へ消えてしまった。

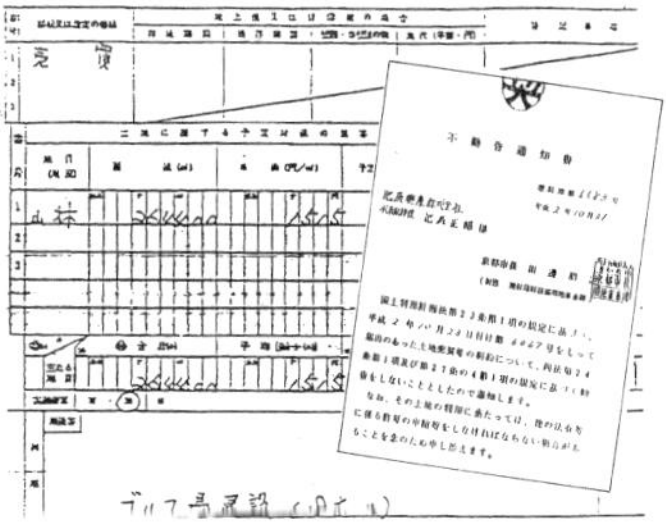

1平方メートル1515円と届け出された土地売買等届出書と、それを「問題なし」とした不勧告通知書

元「解同」幹部を代理人に市と交渉

京都市と高槻市の境界上にある通称ポンポン山。山上で足を鳴らすとポンポンという音がすることからついた名だという。ゴルフ場予定地

問題のゴルフ場周辺図

は、京都市西京区大原野石作町《いしづくりちょう》の山林にあった。広さは南北二キロメートル、東西一キロメートルの約百三十五万平方メートル。高速道路を使えば、大阪や京都市内からも一時間以内で着くことができるという。計画では、ここに十八ホールのゴルフ場とクラブハウスなどを建設する予定だった。事業主は、大阪市東淀川《ひがしよどがわ》区の不動産・土木建築業、池尻興産株式会社（池尻正昭社長）。設計を大阪市北区西天満の開発コンサルタント、富士土木設計事務所（西谷英吾社長）が行い、工事は大成建設が請け負うことになっていた。

池尻興産が同地でのゴルフ場開発事業を始めたのは八七年八月だったという。役員の一人はこう言う。

「ポンポン山では、もともと別の会社が三、四年かけて開発計画をすすめていたのだが、その会社の社長が亡くなって、計画を引き継いでくれるところを探していた。で、うちがそれを引き継いだ。富士土木設計事務所が出てくるのは、そのあとだ。そこから先は、富士土木が主体でやっていたようだが……」

池尻興産は八九年から用地買収にかかり、九〇年十月には京都市に事業計画書を提出する。一部計画変更があったためにいったん取り下げて、九一年四月に出し直すことになるが、九〇年八月に京都市がゴルフ場指導要綱をつくってから最初の事前協議が開始された。資本金五千万円という池尻興産の資金力に京都市が不審を抱かなかったわけではなかったが、バックが大成建設ということでゴーサインが出たのだという。

富士土木設計事務所の「代理人」として、京都市と交渉にあたっていたY氏は、こう語る。「事業にかかったのは、六年も前だ。その間行政とのやりとりを重ねてきた。目算もなしに用地買収に入ったりは、しない」

用地買収を行ったのは、許可がとれるという感触を得たから、というわけだ。Y氏の言葉をそのまま続ければ、「土の移動の量を最小限にするとか排水を無公害にするとか、とにかく行政の言う通りに従って、許可を受ける段階まで来ていた。京都市は、ポンポン山をゴルフ場指導要綱にもとづく最初で最後のゴルフ場にしようという判断だった」ということになる。ちなみにY氏は、元部落解放同盟幹部。京都市役所では「知る人ぞ知る」存在だ。

池尻興産は九〇年十二月には、開発予定地の買収を終える。

四十七億円の拠《よ》り所《どころ》は「裁判所決定」

池尻興産が用地買収を終えたころ、すでにゴルフ場開発には逆風が吹き始めていた。リゾート開発ブームに乗ったゴルフ場計画の乱立に各地で反対運動が起こり、ゴルフ場での農薬の大量散布も問題化していた。ゴルフ場開発の凍結を宣言する自治体や農薬規制を強化する自治体も生まれた。ポンポン山でも、ゴルフ場予定地の下流にあたる高槻市では、ゴルフ場建設反対の市民運動が市議会に二回にわたって「ゴルフ場建設反対」を決議させ、呼応して京都側にも九一年六月、「ポンポン山ゴルフ場建設に反対する会」が発足していた。バブル経済は崩壊し、ゴルフ場会員権相場は暴落する。不動産融資の総量規制などによる影響もあって開発業者の資金繰りも逼迫《ひっぱく》し、ゴルフ場計画の凍結、撤退も相次ぐようになっていた。

京都市は九二年三月十二日、関係局長会議を開きポンポン山ゴルフ場開発不許可を決める。大文字山ゴルフ場計画に続く住民運動の勝利だった。三月二十二日には、反対運動を繰り広げてきた市民らがポンポン山山頂で勝利集会を開く。しかしそれも束《つか》の間《ま》。勝利集会の四日後、池尻興産は子会社の「北摂カントリー倶楽部」とともに京都市を相手どり、八十億円にのぼる損害賠償を求める調停を京都簡易裁判所に申し立てる。

自然豊かなポンポン山

申立書は次のように述べている。予定地はゴルフ場を開発することに法的な問題はなく、開発許可が得られれば一平方メートル当たり七千円、総額九十四億五千万円以上の価値が生まれるはずだった。しかし京都市は不当にも不許可とした。仮に今後不許可を覆して許可になっても失われた価値はとりかえしがつかない。だから不許可によって池尻興産が被った被害額は八十億円を下らない、と。

調停は、九二年四月十五日に始まった。約二週間後の二回目の調停で京都市は「市が依頼した鑑定士による鑑定価格以内なら用地の買い取りに応じる」姿勢を示す。三回目は五月八日。五月十三日には簡裁の「決定」が出る。買い取り価格は、四十七億五千六百二十三万円。調停の開始からわずか一ヵ月というスピード決着だった。

この「決定」にもとづいて京都市は市議会に買い取りを提案する。市議会では、野党の共産党のみならず、与党各党からも「買い取り価格が高すぎる」「価格決定のプロセスが不明だ」「損害賠償の義務がないなら本裁判を受けて立つべきだ」などの意見が相次いだ。

しかし最終的には、共産党を除く自民、公明、社会、民社の四党の賛成で承認してしまう。京都市側の答弁も賛成した各党の賛成理由も「裁判所の決定」を最大のあるいは唯一の拠り所としていた。

疑惑だらけの鑑定評価額で買収

簡易裁判所の「決定」は裁判所からの「和解案の提示」にすぎない、と法律家は指摘する。「決定」から二週間以内にどちらかが異議申し立てをすれば完全に無効になる程度のしろものだ。「損害賠償の義務はない」とする京都市が争う余地は十分にあったし、利用計画も決まっていない山林を買い急ぐ緊急性もなかった。

京都市は約四十七億円の妥当性について、京都市が依頼した鑑定士によるポンポン山の鑑定評価額以下だから問題ないとしている。鑑定評価書が一平方メートル当たり約三千五百六十円としているのに対して、「決定」では一平方メートル約三千五百五十円だから確かに十円だけ安い。

しかし実際の買収価格は一平方メートル当たり千二百円前後だったといわれる。九三年の五月定例市議会では、池尻興産が用地買収の際に国土法にもとづいて京都市に届け出た価格が最高でも千五百十五円だったことが共産党議員団によって暴露された。京都市がその価格での取引を問題ないとした「不勧告通知書」を明らかにしたのだ。「どう高く見積もっても池尻興産がポンポン山の買収に要した費用は、二十億円までだ」と同党の阿美弘永市議は指摘する。鑑定評価との差額約三十億円はどうして生まれるのか。

鑑定評価書を子細に見ると奇妙なことに気がつく。京都市の鑑定依頼が「ゴルフ場開発を前提としない林地のままで」という指定だったにもかかわらず、鑑定士は、まず、ポンポン山一帯の地域の概況を「新設ゴルフ場の出現が早くから期待され熟成も高まりつつある地域」と規定する。そして「参考」だとしながらも、ゴルフ場に開発した場合の会員権収入予測や建設費の予測を行い、果ては開業後三年間の宣伝広告費までを見積もって、開発許可となれば一平方メートル当たり約七千円、総額で約九十億円の値打ちがある、と算盤《そろばん》を弾《はじ》いてみせる。

なぜか実績のない鑑定士に鑑定依頼

鑑定士が鑑定のために参考にした地点の一つは、まさにゴルフ場「宝山ゴルフ倶楽部」（仮称）の建設が予定されている亀岡《かめおか》市のタカラ山だった。鑑定評価書は、その土地について、九〇年六月の取引で面積は、八千三百八平方メートル、取引価格は、一平方メートル当たり四千五百三十八円としている。しかし該当する土地（実測値では、二万三千七百四十平方メートル）でタカラ山ゴルフ場の開発業者が国土法にもとづいて京都府に届け出た価格は、一平方メートル当たり千五百八十八円だ。「調整金」という名目の裏金を加算しても実測面積での価格は、一平方メートル当たり二千百五十円にしかならない。開発業者は、さらに立木代一千二百十万円を上乗せしているが、それでも鑑定士が示す四千五百三十八円には、はるかに及ばない。

タカラ山では、この裏金をともなった契約について九二年五月、開発会社の元社員が国土法違反（虚偽届け出）だとして大阪地検に告発した。起訴猶予になったが、事実関係については、地検も確認したという。

その元社員が言う。「ゴルフ場を開発する場合、土地原価は、山林なら一平方メートル当たり二千円が限度だ。タカラ山の買収価格は、高すぎた」

93年京都市長選の争点にもなった（選挙ビラから）

いま、タカラ山のゴルフ場は、こうした無謀な用地買収なども要因の一つとなって事実上の親会社、村本建設（本社・大阪市、登記簿上は奈良県）が五千九百億円にのぼる債務を抱えて倒産し、完成にこぎつけられるかも危うくなっている（第九章参照）。

鑑定した株式会社関西総合鑑定所（細見正博鑑定士）が京都市に提出した不動産鑑定評価書には「専門職業家としての良心に従い適正と決定した」とある。

この細見鑑定士、決して表に出てこない。マスコミ各社も取材しようとしたが、なかなか連絡がつかない。ある社は取材依頼を封書で出した。鑑定士は、「守秘義務があるから取材には応じられない」という内容証明郵便を送りつけてきたという。

京都市には不動産評価委員会という諮問機関がある。そこに評価額を諮《はか》ることも可能だった。京都市が鑑定士に鑑定依頼するケースもあるが、大手のF社など「よく使う業者」に依頼するのが通例だ。ところがポンポン山に限ってなぜか京都市には実績のない鑑定士が依頼された。京都市は、鑑定価格の妥当性について、「不動産鑑定士には、法律上厳格な基準があり、公平妥当な態度を保たなければならない責務があるから鑑定評価は適正だ」（九二年五月議会でのS元助役答弁）と繰り返すばかりだ。

その後京都市長と池尻興産を相手どって損害賠償訴訟を起こし、真相究明に取り組んでいる市民団体の調査でもう一つ奇妙なことがわかった。池尻興産は、京都市が買収したゴルフ場予定地に隣接して約十七、八ヘクタールを持っている。しかし上空には関西電力の高圧線がかかり、同社が地上権を設定しているからゴルフ場にはなりえない。開発不可能な無価値の山林だ。ところが京都市が開発不許可を決めた翌日の日付（九二年三月十三日）で、この土地に六億円の根抵当権が設定されている。市民団体の代理人弁護士は、「ゴルフ場予定地へ進入道路をつくるためにはこの土地を利用する必要があるから、将来京都市に買収させる腹なのではないか」と指摘する。設定されている根抵当額は、一平方メートル当たり約三千四百円。やはり異常に高い。

「金丸先生に三十億持っていかれた」

二十億円で仕入れたものが四十七億円で売れたのだから儲《もう》かったでしょう、と池尻興産の役員に水を向けると、「うちでは儲からなかったでしょう。これについてはね、言えば言うほど波風が立つから……」と言葉を濁す。

京都市がゴルフ場予定地の買収を決めたあと、予定地の直下にある高槻市出灰《いずりは》地区に池尻興産の元社員がふらりと訪ねてきた。地区の自治会役員としてなじみだった住人にその社員がこうぼやいていた。「池尻興産は一銭も儲かってない。ボーナスも出なかった……」

一方、富士土木設計事務所の方はどうか。西谷社長は、「ポンポン山ゴルフ場は、もう終わった話だ。北摂カントリー倶楽部なんて関係ないですよ、そんなもん」

電話の向こうからいらだったような声が返ってきた。何人かに取材を申し込んだ

「30億円が金丸に行った」という証言の真偽は？

京都「ポンポン山」にも金丸の触手？

本誌先号で金丸信元副総理を「何でも金に変えてしまう現代の錬金術師」と指摘したが、古都京都でも、金丸絡みの疑惑を発見した。登場するのは、またしても「丸金コーポレーション」なのだ。

ジャーナリスト三木久央

丸金コーポレーションのダミー

二倍以上の価格で市に引き取らせる

「財界展望」93年７月号

が、「その件に関しては答えられない」と口をつぐむ。

同社の代理人として動いていたという前出のY氏だけが「四十七億円では足りないくらいだ。土地原価だけでもそれくらいかかっている。金利や経費を勘定に入れれば、マイナスだ。いつも弱いところが泣かされる」と言う。

両社の関係者が牡蠣《かき》のように沈黙をまもり、あるいは「儲からなかった」とぼやく。

四十七億五千六百二十三万円もの市民の金は、どこに消えたのか。

経済誌の「財界展望」九三年七月号が、関西在住の金融関係者からの情報として興味深いコメントを紹介している。要約すれば、池尻興産は土地購入のためにある信用組合から十数億円の借金をしていた。その信用組合では、京都市がポンポン山を四十七億円で買ったのだから池尻興産が借金を返済してくれると期待したのだが、池尻興産はそのうち七億円しか返済しなかった。なぜ返せないのかと詰め寄ったら、池尻興産は金丸先生に三十億円を持っていかれたからいまは金がないと答えた、という。

地元紙「京都民報」は、「北摂カントリー倶楽部」の元役員の話として「丸金コーポレーションはゴルフ場計画で儲けるために池尻に金を貸した。用地買収費など事業費の全額ではないと思うが、相当の金額」「京都市の買収によって入った四十七億円の一定額が丸金に回収された」との証言を載せた。丸金コーポレーションは、金丸系ファミリー企業の中核会社とされる。

「北摂カントリー倶楽部」はこのビルの一室で生まれた

さらに京都簡裁での調停で池尻興産の代理人をつとめたのが山梨県弁護士会所属の弁護士で、丸金コーポレーションの現役の役員、平出馨弁護士だったことが判明する。

Y氏も丸金コーポレーシ

ョンから一定の金が出ていたことは、隠さない。「事業をやろうと思ったらスポンサーを集めねばならない。丸金からの金もそうした類《たぐい》だ」

京都市民の金は、「北摂カントリー倶楽部」を窓口にして丸金コーポレーションに還流していた⁉ 京都市は、九二年七月八日、箇裁の「決定」に従って四十七億五千六百二十三万円を「北摂カントリー倶楽部」が指定した大阪市北区の三和銀行梅田《うめだ》新《しん》道《みち》支店の口座に振り込んでいる。ちょうど参議院選挙の告示日だった。

八十億円は転売予定価格だった？

池尻興産が不許可による損害額を八十億円としていたことについて、市議会関係者の間では、池尻興産が予定していた転売価格だったのではないか、という憶測が流れた。池尻興産の役員も「許可後に転売することはありえた。うちの力で全部やるというのは、無理だ」と転売がらみだったことを否定しない。

「買い手」として茨木《いばらき》市内の病院経営者が浮上していた。ポンポン山ゴルフ場問題を追跡していたマスコミの記者は、「『買い手』というより、もっと早い段階からコミットしていたようだ」と話す。その病院とは医療法人恒昭会・藍野病院。いくつかの病

ポンポン山ゴルフ場問題年表

京都市	池尻興産・北摂カントリー倶楽部	土地・裁判所
89/ 8.27 京都市長選挙	87/ 8. ゴルフ場計画始動 89/ 6.23 株式会社アイ・エヌ・ピー設立（西谷英吾代表取締役・大阪市北区西天満五丁目九番11号） 6.28 西谷社長辞任。池尻正昭が代表取締役就任 8.10 本店移転。大阪市中央区南船場二丁目八番11号	89/ 3. 8 1958、1980番地所有権移転 3.14 2146、2205、2052、2090、2417番地所有権移転 4.19 2020番地所有権移転 4.26 2026番地所有権移転 6.15 2118番地所有権移転 6.25 1998番地所有権移転
90/ 8.13 「京都市ゴルフ場等の建設事業に関する指導要綱」を制定 10. 8 池尻興産株式会社から、事業計画概要書を受理（要綱にもとづく事前協議の開始） 12. 7 池尻興産株式会社から、事業計画概要書の「取り下げ願い」を受理	90/ 8.10 株式会社アイ・エヌ・ピーから株式会社北摂カントリー倶楽部に商号変更 11. 8 本店移転。高槻市高槻町一四番9号 11.26 芥川漁協と「放流同意書及び協定書」	90/ 5. 1 1752-1、2358番地所有権移転 9.27 1754番地所有権移転 2417番地所有権移転 2026番地所有権移転 2052番地所有権移転 9.27 池尻興産から北摂カントリー倶楽部に所有権移転（一部） 12. 5 2210番地所有権移転
91/ 4.12 池尻興産株式会社から、設計を変更した事業計画概要書を改めて受理 6.28 本件ゴルフ場建設計画に関し、自然環境の保全、東海自然歩道の現状変更の禁止及び地域住民等の意向の尊重を求める市会請願（92・3・25取り下げ） 8.20 高槻市長に対し、本件ゴルフ場建設計画について、文書により意見照会 11.22 高槻市長から、上記の紹介に対し、「極めて慎重に対処されたい」との文書回答	91/ 3.13 実行組合原連合会と「同意及び協定書」、原水利組合協議会と「同意書及び協定書」 4.30 高槻市出灰自治会、京都市原野出灰町自治会と「同意書」	91/ 1.31 池尻興産から北摂カントリー倶楽部に所有権移転（一部） 3. 7 2018、2019-1番地所有権移転
92/ 2.21 京都市ゴルフ場等建設審査委員会を開催 3.12 審査委員会から「当該事業計画を認めないことが相当である」との意見具申が出され、池尻興産株式会社に今後の事前協議を行わない旨を通告（文書による通知は3/31付） 7. 8 北摂カントリー倶楽部の口座に約47億円を振込む	92/ 3.26 京都市に対し、80億円の損害賠償を求める調停を京都簡易裁判所に申し立てる	92/ 3.13 1752-1番地に福徳銀行が6億円の根抵当権設定 4.15 第1回調停 4.28 第2回調停 5. 8 第3回調停 5.13 第4回調停（裁判所による決定に代わる決定が出される） 6.18 京都市に所有権移転

医療法人恒昭会・藍野病院

院・診療所のほか医療技術の専門学校などを経営し、企業グループを形成している。別法人をつくって広島県内にゴルフ場を経営していたこともあるし、九一年には大阪府堺《さかい》市内でもゴルフ場開発に乗り出していた。

病院の関係者は「ポンポン山ゴルフ場については業者側から話が持ち込まれたことがある。京都市の開発許可が取れたらどうするか相談に乗ってほしい、ということで申請中の図面も見せられた」と言う。

「仲介」したのは、吹田《すいた》市の不動産会社だった。会社といっても事務所は千里の新興住宅街の奥にあるマンションの一室。一階の郵便受けに社名があるだけで会社の看板さえなく、中年の女性事務員が一人いるだけだ。愛想のいい女性事務員は、「ゴルフ場など大規模開発を専門に手がけている会社」と言うが、業務内容は詳しく知らされていないようで要領を得ない。しかも同社の社長は、ポンポン山問題をマスコミが追うようになるのと前後して姿を消した。事務員によれば、「韓国に行っている」ことになっているが、「連絡は社長から一方的にあるだけで、会社からは連絡がとれない」という。

背後にはイトマン・KBS人脈も

医療法人恒昭会が広島でゴルフ場を経営していた別会社の名前は「東城土地」。一時はイトマン事件の中心人物の一人、許永中《きょえいちゅう》被告の息のかかった人物が役員をつとめ、KBS近畿放送の社屋や機材が丸ごと担保になった百四十六億円の根抵当問題でも登場してくる。

KBS根抵当「事件」の発端となった京都市と宇治《うじ》市の境にある山林でのゴルフ場開発計画で、最初に顔を見せたのは「東城ゴルフ」という会社だった。八六年五月に京都市役所の開発指導課を訪れ、開発の可能性を打診している。京都市は山林が急傾斜地なことなどから「開発は無理」と回答していた。

ところがその直後、八六年八月と八八年八月の二回にわたって、東城土地という会社が、予定地の山林の一部を買収する。その土地には、許永中企業グループの中核会社、コスモスが十億円の根抵当権を設定していた。東城ゴルフと東城土地は、所在地も同じで役員も一部重複していた。

一方、ポンポン山ゴルフ場計画の「出資者」の一人だった金丸信《しん》氏もイトマン事件の登場人物との接点を持っていた。八四年、当時近畿放送社長だった内田和隆氏が河原町二条《かわらまちにじょう》の土地にホテルなどを建てることなどを目的に「シティー・センター京都」という会社を設立した。発起人に名を連ねたのがほかでもない金丸信元自民党副総裁だった。役員には金丸氏の金庫番と言われた生原正久《はいばらまさひさ》秘書（当時）が就任していた。

許永中氏はこの会社の発足当初から社内で大きな発言力を持ち、役員でもないのに配下を連れて取締役会に出席していたという。のちに許永中氏は正式に取締役に就任している。

ポンポン山ゴルフ場の「売り手」と「買い手」が、一方では、闇の世界の住人を媒介に接点を持っていたことになる。

元助役、代議士も動いて買い取りへ

ポンポン山ゴルフ場問題をここまで奇々怪々にした責任の一端は市長にもある。京都市は九〇年八月、ゴルフ場指導要綱を制定した。市長は指導要綱発表の記者会見で「これで京都市内にゴルフ場はできなくなった」と大見得を切った。にもかかわらず尻抜けにポンポン山ゴルフ場計画の事前協議は着々と進んでいた。指導要綱は風致地区以外の山林でのゴルフ場開発の余地を残していたからだ。

しかしゴルフ場をストップさせると発言した手前、市長はポンポン山を不許可にしないわけにはいかなかった。トップダウンで不許可にせよという指示がくだったという。中心的な役割を果たしたのは、S元助役だったとされる。不許可を決める半年以上も前からしばしば上京して建設省や自治省を回っていた。庁内では、不許可にするための根回しのために動いているとうわさされた。

池尻興産側は抵抗した。池尻社長が、助役に何度も面会を求め、出張の帰りを待ち受けるために、京都駅の新幹線ホームまで走ったこともあるという。

ここから四十七億円での買い取りという話が動きだす。「政治家」の介在が取りざたされた。前出のY氏も「最後はN代議士が動いた」と言う。九三年三月には、市役所内に「ポンポン山は、京都の大物政治家Nが田邊市長に買い取らせた」という怪文書まで流れた。が、真相はヤブの中だ。

京都市は九三年九月、ようやく指導要綱の見直しを実施した。しかし指導要綱が不十分なことは、制定当時から指摘されていた。対応はあまりに遅すぎた。四十七億円をその代償というなら、失政のつけはあまりに大きい。

第十一章　阿含宗《あごんしゅう》・桐山靖雄《きりやませいゆう》管長の闇——その急成長の秘密と実態を暴く

京都を食いものにする連中の正体をえぐり出してほしいという読者の期待に応え、地上げ・底地買い、利権にむらがる人物、有名ではあるが案外その実態がベールに隠された人物等々、「京都に蠢《うごめ》く懲りない面々」を取り上げてきた。本章では派手な宣伝を繰り返す阿含宗《あごんしゅう》、桐山靖雄《きりやませいゆう》管長の闇の部分に光をあてた。

「超能力」と「奇蹟《きせき》」が売り

京都市山科《やましな》区北花山《きたかざん》、京大花山天文台のすぐ近くの山中に一九八一年、七・五メートルの大仏が出現した。周囲の立木は払われ、道がつき、ここが阿含宗（桐山靖雄管長）の〝聖地〟になった。「超能力」と「奇蹟」が売り物の、バチカンや中国で祈ったり教祖の説教を衛星中継で全国に伝えたり、とにかく派手好きの新興宗教だ。いま、九〇年末完成をめざして総本山を建築中。総工費二百億円だという。そして、年間最大のイベント「阿含の星まつり」（二月十一日）の会場もこの〝聖地〟。巨大な炎のなかに生きた仏が出現する、とテレビや新聞で宣伝する〝火の祭典〟である。

阿含宗が最初に、境内地としてこの山を買ったのが約五万平方メートル。ついで約十五万平方メートルを買い足したのが八〇年四月。真言宗智山《ちざん》派成田山慈尊院（宇治《うじ》市）が開発を計画しながら、資金難で競売に出たのを、七億二千万円で買ったという。だが、競売で安かったからではない。桐山管長が〃聖なる地〃という霊感を得たからだ、と阿含宗関係者はいう。桐山氏は歴代日本の仏教者が体験したこともない厳しい修行をし「超能力」を得た。だから霊感もよく当たるのだそうだ。いま、九九年に核戦争を含む地球壊滅の危機が来ると予言している。これも氏が、インド旅行中にひらめいた霊感だという。

〃聖地〃を下り、左京《さきょう》区岡崎《おかざき》に出ると阿含宗関西総本部がある。これを南下して豊国《ほうこく》神社の近く、天台宗方広寺《ほうこうじ》の一角には阿含宗京都道場。その昔、天台宗僧侶《そうりょ》を名乗る桐山氏が、天台宗ならぬ阿含宗の布教を始めたという、いわくつきの場所。京都は阿含宗ゆかりの地であり、本拠地というわけだ。桐山管長ひきいる阿含宗はなぜ〃急成長〃したのか、その秘密と実

「星まつり」で出た「金竜さま」!?
奇蹟の象徴として各種宣伝物にひんぱんに登場

態は――。

星まつりは〝自粛〟しない

「星まつり」開催日の二月十一日は「建国記念の日」。戦前の「紀元節」である。戦後の六六年、「建国記念の日」として復活して以来、この日は天皇神格化や国家神道復活をめざす動きと、これに反対する動きとの対決の場になってきた。東京では政府後援の「国民式典」を開き〝天皇万歳〟を唱える。各地でも「奉祝式典」が開かれる。これに反対し、思想・信条・信教の自由を守る集会も各地で開かれる。

同じ二月十一日でも「阿含の星まつり」は、こうした動きとはいっさい関係ない。星まつりをこの日に行うのは、こんな理由からだ。

「星」とは単なるスターの意味ではない。「星まわり」が良いとか悪いとかいう「星」のことだ。だから一年の区切りに行う。一年の区切りは一月一日ではなく、二月の節分だ。ところが節分は三日になったり四日になったりする。それならいっそのこと、「国民の祝日」にあたる十一日にしておこう、というのがことの次第なのだそうだ。

「建国記念の日を祝う国民式典」の方は、天皇の死去にともなう「自粛」で中止と決まった。だが星まつりは予定通り行う。といっても、特別の主張があるわけではない。星まつりの新聞広告のすみには「大行《たいこう》天皇の崩御を悼み、謹んでご冥福《めいふく》をお祈り申し上げます。阿含宗管長　桐山靖雄」とある。

中止しない理由を阿含宗広報室に聞くと「天皇死去についても考慮した。だが予定通りやる。それ以上のコメントは出ていない」。要領を得ない。そこで阿含宗関東別院に聞くと、もう少し具体的な説明をしてくれた。

「毎年、何十万人という方がこの日の救いを待っておられる。宗教団体の責任としてやめるわけにはいかないのです」

一本百円の護摩木に家族の名前を書き、炎に投げ入れて無事を祈る。八八年は五十万人もが参拝したという（もっとも、地元山科署調べでは十万人にも達していない）。「あれだけ広告費を使っているのだから、いまさら中止できないのだ」という声もある。実際、阿含宗は〝広告宗教〟の異名を持つ。女性向けファッション雑誌を含む週刊誌や月刊誌には必ずといってよいほど阿含宗の広告が載っている。星まつりのようなイベント前には新聞の全ページ広告やテレビでも派手な広告を繰り返す。数億円という広告費を投入し、それを少し上まわるカネと信者を集める――というやり方だといわれる。

　阿含宗の発表によると八八年の星まつりで燃やした護摩木は二千万本。一本百円だから二十億円。話半分にしてもすごい金額だ。しかもこれには、税金もかからない。教団にとっては貴重な〝収入源〟に違いないのである。

ホトケには会えたか？――そのシステムとカリキュラム

　〝ホトケに会える〟――阿含宗が考えた星まつりのキャッチフレーズだ。星まつりは、正式には宝生《ほうしょう》・解脱《げだつ》大柴燈護摩供《だいさいとうごまぐ》という。普通の護摩供養ではない、大導師・桐山管長が修行を重ね、創案した「両壇護摩の秘法」という特別にありがたい様式という。普通の護摩は家内安全とか商売繁盛という祈願だけだが、星まつりの護摩はそうした運気転換の護摩（宝生護摩）と不成仏霊を解脱させ霊障を除く「解脱成仏護摩」の二つをあわせることによって、本当の「力」が生まれる。その証拠に十数メートルにも燃えあがる炎は、竜神さまやお不動さま、観音さまの姿となる。
　子どものころ、流れる雲を見ながらいろいろな形を連想した記憶は誰にもある。それと同じで、炎も瞬間をとらえれば何かの形に見えることはあるだろう。ところが阿含宗は炎の写真集をつくり、「ごらんなさい、如来像の形をしているでしょう。これこそ桐山管長が生んだ奇蹟の力だ」と本気で説明する。

二月十一日には、これを信じて全国から信者や信者予備軍が集まる。「阿含宗〇〇道場」というノボリをたてた〝星まつりツアー〟が組織される。京都駅の新幹線口から北花山まで大型バスがピストン輸送。長い参道にはハッピ姿の青年男女が立ち「お帰りなさい」と合掌して迎える。参拝者は大事そうに、何十本という護摩木を抱いて坂道をのぼる。

「昨年、半信半疑でお参りしたところ、商売が軌道に乗った。きょうはそのお礼にうかがった」という中年夫婦もいれば、「病気がなおった」という男性もいる。テレビのCMに出た炎にむかってお願いしただけで子どもを授かった人もいる、という話を真顔で聞かされる。「水子供養」という女性も少なくない。どうみても高校生としか思えない女性も、そのなかにいた。それぞれが「ホトケに会えた」と信じているし、それを期待している。

毎年、星まつりには大量のマスコミ関係者が招かれる。出版社系からは編集でなく営業幹部が顔を見せるのも〝広告宗教〟らしいところだ。ある年の星まつり会場で、桐山管長は「阿含宗には奇蹟がつきもの。奇蹟こそ阿含宗の特徴だ」と語った。

阿含経とは釈迦《しゃか》直伝の古いお経だが、誰もその値打ちがわからずほうむり去られていた。中国から日本に伝わった大乗仏教のお経はすべて後世の僧の創作。それらのお経には成仏しろという教えは書かれているが、どうすれば成仏できるかはわからない。その方法を書いているものこそ阿含経で、桐山管長は大変な苦労のすえ、成仏の方法を体得された唯一の人だ。阿含宗を訪ねると、そう教えられる。

瘦身《そうしん》、白髪、するどい眼光。山伏姿の桐山氏は、星まつり会場で「なぜ奇蹟の宗教に到達したか」を、とうとうと語った——。

「私はあらゆる角度から仏教のすべてを研究した。私に言わせると他のお経は偽造されたもの、よくいうと創作経典だ。こんなことをいうから既成仏教からにらまれるけれど私は全部独学だから誰にも気がねなく、本当のことがいえるのです」

「阿弥陀経《あみだきょう》は死んで浄土に行くってことですから、いま生きている者には何にもならない。私は般若経《はんにゃきょう》から法華経《ほけきょう》に入って六年間、すみからすみまで勉強したけれど、法華経には成仏する教えはあっても方法がないことがわかった。方法というのは明確なシステム、カリキュラムでなきゃいけないんです」

「密教にたどりついて難行苦行しました。五年間かけて私は密教をマスターした。ところが密教の成仏法は様式化されたもので役にたたない。パワーがない。私は絶望した。そこで気がついたのは、最も程度が低いとされている阿含経に本当の価値があること。お釈迦様はちゃんと阿含経のなかで成仏法を教えている。七科三十七道品《どうぼん》といって、お釈迦様は成仏するための七つのシステム、三十七のカリキュラムをつくっていた。それを修得するのには、大変な努力がいる……」

ニューウェーブとたたりと

阿含宗は正式には「阿含宗大日山金剛華寺観音慈恵会」という。文化庁の宗教年鑑では「観音慈恵会」として登録され、公称信者は二十万人。七六年十二月に設立され、八〇年代のオカルトブームや密教ブームに乗り、時流をつかむたくみな宣伝術ともあいまって急成長。京都市北花山を総本山に、東京には巨大な関東別院をつくり、関西総本部（京都市東山《ひがしやま》区三条通神宮道上《さんじょうどおりじんぐうみちあが》ル）のほか各地に本部、支部、道場を持つ。

「かぎりなき精神の飛翔と知能の拡大」というコピーで知られる瞑想《めいそう》センター（ニホ

ン・メディテーションセンター＝東京・京都・名古屋・福岡にある）。桐山管長らの本や月刊誌「アーガマ」を出版する平河出版社、密教食の光和食品など〝阿含企業グループ〟を形成している。

「阿含宗は密教をファッション化してしまった」とはある宗教評論家の指摘である。厄払いの護摩供養を「星まつり」と名付け、喜多郎《きたろう》のライブコンサートとドッキングした形の「オーラ（霊光）の祭典」というイベントをうちあげる。「業《ごう》」というところをサンスクリット語の「カルマ」におきかえ「破滅のカルマを消滅せよ」と言えば、何か新しく聞こえる。東京・神田の学生街にオープンしたサロン「シャンバラ」のコピーは「若者の街に、若者たちのために出現した、ふれあいの聖地『シャンバラ』。UFOが呼ぶ、曼陀羅《まんだら》の世界」という具合だ。

だが、そんなファッションをくぐり、一歩なかに入ると、そこにあるのはおどろおどろしい因縁とたたりの世界である。

悩みごとを持つ人が阿含宗の道場を訪ねると、まず住所、氏名、生年月日を紙に書かせるだろう。両親や祖父母の消息を聞かれたりもする。そして、人間は生まれながらにして悪い因縁を持っている。因縁を切らない限り、その因縁が表面化して不幸という結果を招くのだ、と教えられる。これは科学的にも証明されている、と著名な心理学者の名前やことばを引用したりもされる。

ノウハウは統一教会とうり二つ

「人はどんな因縁をもつか」。桐山管長はその著書にこう書いている。

「因縁というものが、どうして人間にあるのか、という原因論は、ここでは説かない。別の著作を見ていただく。ここでは、あるからある、というよりほかない」「理くつは抜きにして一読するならば、かならず思いあたることがあるだろう」

こう前置きして、桐山氏は二十二の因縁をあげる――①家運衰退の因縁、②中途挫《ざ》折《せつ》の因縁、③運気浮沈の因縁、④肉親血縁相剋《そうこく》の因縁、⑤我が子の運気剋《こく》する因縁、⑥逆恩の因縁、⑦夫の運気剋する因縁、⑧夫婦縁障害の因縁、⑨夫婦縁破れる因縁、⑩刑獄の因縁、⑪肉体障害の因縁、⑫横変死の因縁、⑬脳障害の因縁、⑭二重人格の因縁、⑮癌《がん》の因縁、⑯循環系統障害の因縁、⑰色情の因縁、⑱偏業の因縁、⑲財運水の因縁、⑳頭領運の因縁、㉑子縁うすい因縁、㉒産厄の因縁

こういくつもあげられると、誰でも何か一つぐらい自分にあてはまるように思うは

ずだ。

このような〝不安リスト〟を使っているグループはほかにもある。「先祖が成仏できず、そのたたりがある」などと脅して高価なツボや多宝塔を売りつける統一教会の霊感商法グループもその一つ。彼らのノウハウ書「ヨハネ・トーク」が「お客様のウイークポイントをつかむ」ポイントとしてあげているのは▽色情因縁は出ていないか▽家運衰退ではないか▽夫婦縁障害の因縁はないかなどこれも二十二項目。用語や表現は違っているが、ノウハウをまねたのではないかと思いたくなるほどよく似ている。

あっという間に百万円也の供養料

阿含宗の教えにもどろう。――人はみな二十二の因縁のどれかを持ち合わせている。とくに先祖が成仏できていないと霊障を生じ、「横変死」「刑獄」「肉親血縁相剋をともなう家運衰退」という三大悪因縁をもたらす。

「不成仏霊の霊障」とは要するに〝たたり〟である。桐山氏はこう教える。

「家からすべての不成仏霊をなくし、霊障を解かなければいけない。家に一体でも不成仏霊がいると、家の運気がどんどん衰退し、さまざまな不幸や災難が続出する」

「ところが、いま霊視すると、ほとんどの家庭に、かならずといっていいほど、何体もの不成仏霊がいる。そして、その三軒に一軒は、霊障を生じた霊がいる」（桐山靖雄著『守護霊を持て』）

「さらに戦慄《せんりつ》すべきは『水子の霊』である」と言って、桐山氏はより具体的に不安をあおる。とにかく救いようがないのである。

　そこで阿含経が登場する。これこそ、成仏の方法を教えた唯一の経典なのだと。ご本尊、ご供養料、法具類代と三ヵ月分の会費前払いで、入会金は四万八千円。その後は毎月の会費二千円だけ。あとは努力しだい。金銭の強要もない。——と説明される。

　だが、なかなか公式通りにはいかない。阿含宗に入り修行を積めばたいていの因縁は自分で切れるけれど、前述

89年１月11日付に掲載された全面広告（毎日新聞）

した三大悪因縁などとくに強い霊障を生む霊を成仏させるのには特別の供養が必要だとされる。

その供養料は一体十万円。横浜市の会社員は、妻が阿含宗に入会し、一ヵ月ちょっとで六十万円使った。「妻はまだ成仏できていない先祖がいる、と必死になっている」という。「○代前の先祖が成仏できずに霊障を生じているといわれて供養したが、不幸は去らない。調べてみると×代前の霊も成仏していない。そこでもう一度供養をお願いした。それを繰り返しているうちに百万円ほど使ってしまった」という人もいる。そのほかさまざまな名目の「ご供養金」も必要だし、平河出版社や光和食品など関連企業の商品も買わなければならない。〝徳を積む〟といって、かなりの勤労奉仕も必要だという。

断定法と単純論理が若者を魅了!?

「うちは組織教団ではなく教祖教団だ」と桐山氏側近が語ったことがある。それが既成教団と違い、新しいエネルギーの要因にもなっている、と。

阿含宗の道場に書籍コーナーがある。桐山氏の〝人生相談〟が載った「SIGN《サイン》」

とか「SANSUN《サンサン》」といった少女向け雑誌も山積みされている。「こんな雑誌まで阿含宗の力を無視できなくなった」と説明されたりする。

書籍コーナーのメインは管長猊下《げいか》御著作一覧。『密教占星術』『守護霊を持て』『霊障を解く』『一九九九年カルマと霊障からの脱出』『愛のために智恵《ちえ》を智恵のために愛を』……、ざっと数えて四十冊。若者のなかには「書店の宗教コーナーで管長先生の本を見て、その論理性と力強さにひかれた」と入信の動機を語る人は少なくない。

桐山氏が宗教家として世に出るきっかけになったのは七一年と七二年の『変身の原理』と『密教・超能力の秘密』だといわれる。ユリ・ゲラーのスプーン曲げなど、オカルトブームのころである。私は密教修行で超能力を身につけた。念力で火をつけることもできる。記憶力も倍増する……。「私が株をやったら百発百中である。株だけではない。麻雀をやってもバクチをやっても必ず勝つだろう」(『変身の原理』)。作家・志茂田《しもだ》景樹《かげき》氏はこの桐山氏論法を香具師《やし》の口上にたとえている(「宝石」七八年十一月号)。「……ができる」「……なのだ」という断定法と単純化した論理で押し通すやり方だ。若者たちはそんな論法に〝力強さ〟を感じたのかもしれない。「倫理や道徳ではダメだ」と言い、宗教を〝悪霊解きのシステム〟と割り切るやり方が、ゆがんだ競争社会に受け入れられやすかったのではないか。

「前科を隠さない」にみる〝変身の原理〟

桐山氏は自分の「前科」を隠さない。逆に「先日、関西総本部の落慶式に、たくさんの人が集まられたが、その時わたくしのスピーチを聞いたある人が、だれでも前科のあることなど隠しておきたいと思うであろうに、この管長さんはこれだけ大勢の人の前で、堂々と披露する。たいへんな人だ、といったということを聞いた」（桐山靖雄著『現世成仏』）と、前科を隠さない〝人柄〟をさりげなく披露する。

「前科」の一つは五三年八月。酒税法違反と私文書偽造であった。同年八月十七日付「毎日新聞」によるとこんな事件である。

見出しは「ニセビール一味捕まる」。「〝ニセキリンビール〟を捜査していた警視庁経済係では（中略）自称著述業堤真寿雄（中略）の三名を酒税法違反、不正競争防止法違反容疑で送検した」「堤らは（中略）本物のビールを一部まぜ、それにセンブリ汁、クエン酸、焼ちゅう、砂糖類、ソーダ水などを混ぜ、一本八十円から九十円で浅草、新宿方面にブローカーを通して売り込んでいた」

ここでいう堤真寿雄が桐山氏の本名。桐山は妻の実家の姓である。

裁判の結果、一年六月の実刑。桐山氏は六〇年六月から一年間、服役する。ところが自分の前科を「堂々と披露する」どころかこの事実は、ひた隠しにされていた。桐山氏はその間、修行の旅に出ていることになっていた。

機関誌「慈恵」六〇年六月十五日号に、桐山氏はこう書いている。

「このたび、御本尊準胝観世音大菩薩《じゅんでいかんぜおんだいぼさつ》の御霊示を蒙《こうむ》り、百ヵ日の行に発《た》つことになりました。(中略)ここ数年、余暇を愉んで研究致して参った宗教論、教論のメモもかなり大部のものとなり、一応とりまとめる段階に至っております。霊山霊場にこもって更に想を練り、思いを凝らして完成せねばならぬ時期と思われます。まさに、天の時と申すべきでありましょう。(中略)行中は一切の俗縁を絶って各地の霊山霊場を行脚し(後略)」

一年後、刑を終えた桐山氏は同じ「慈恵」(六一年六月十五日号)に「行から帰って」という一文を載せ、「(行中に)尊敬して居る二三の老師家をお訪ねしました。口をそろえて『法器である』『宝器だ。切に法の為め自重せられよ』と過褒《かほう》のお言葉を頂いた」などという帰還報告をしている。

桐山氏が「前科」を公表するようになったのは、前述の志茂田氏のレポートなどでこの事実が明るみになって以降のことだ。桐山氏は一転、事実を認め、逆にこれを宣伝材料にする。

「自分の運命をみると、そこに刑獄の因縁がある。警戒しとったけれども気がついたら酒税法違反を犯していた。この運命をかえなければ、またいつでてくるかもしれない。例えば、横変死の因縁を持っている人は自動車に注意をしていても、アッという間に事故にまきこまれるものなんです。私は小説で世に出る道も開けていたけれども、世に出てから（再び）刑獄の因縁を犯すと影響が大きくなる。田中角栄《たなかかくえい》さんが八百屋か出稼ぎ者なら、別に何をやってもさわがれもしないでしょう。それと同じで世に出る前に因縁を断ち、運命をかえよう。そう思って仏教界に入ったのです……」

（記者会見で）

経歴にも〝変身の原理〟

桐山氏の著書ではないが、まさに「変身」の妙である。

桐山氏は六八年末、天台宗慈眼寺住職になった。京都市東山区に方広寺という寺がある。天台宗では由緒のある寺だ。その境内地の一角を借りて始めたのが慈眼寺だった。だが桐山氏がそこで始めたのは、天台宗ならぬ阿含宗の布教。そのまますわって、いまの京都道場になったという。

天台宗から阿含宗への「変身」だが、天台宗僧侶の資格取得にも、さまざまな疑惑が指摘されている。

記者会見で〝変身〟を釈明する桐山管長（右から５番目）

桐山氏が天台宗僧侶の資格をとるために提出した履歴書（六八年八月付）には学歴欄で「早稲田大学国文科入学」「病気ノ為メ右中途退学」と、法歴欄には「真言宗金剛院派得度」「伝法灌頂《かんじょう》」などとしるされている。

「早大入学」というのも事実ではなかった。そのことが明るみにされるとこんどは「日本大学芸術科学園の文学部創作科に入った」（『現世成仏』）と変わる。その「日大入学」もまたもうそだったらしい（早川和廣著『阿含宗・桐山靖雄の知られざる正体』〈あっぷる出版社〉）。

法歴欄にある「伝法灌頂」とは密教で阿闍梨《あじゃり》の位を得る

ための重要な儀式だが、その事実にも疑問の声が出ている。桐山氏が修行したという「真言宗金剛院派」というのも、一風変わった教派だ。〝桐山密教〟に詳しい高野山真言宗の僧侶によると、「金剛院派」の前身は「皇道治教陰陽道大祠教本覚寺」という。戦後の一時期、届け出だけで宗教法人になれる時期があった。宗教活動による収入は無税になることに目をつけ脱税目的の宗教が続出した。「皇道治教」もそうした宗教の一つだったという。

因果めぐってまたもや脱税

阿含宗流にいうと〝因果はめぐる〟のか阿含宗は急成長したあとも〝脱税〟事件に見舞われた。八五年五月四日付「朝日新聞」は「阿含宗、六千七百万円所得隠し」と次のように報じた。

「阿含宗関西総本部は、アルバイトの従業員に支払った給与について源泉徴収をしなかったうえ、(桐山)管長のゴルフ会員権(三百万円)や管長の家族の旅行費用を肩代わりするなどで、(昭和)五十六、五十七、五十八年の三年間に総額六千七百万円の所得をごまかしていた」

八七年一月二十日付「朝日新聞」にはこんな記事も出た。
「健康食品を無許可販売、阿含宗管長ら書類送検」「(光和食品＝阿含宗関連企業＝は)厚生大臣の許可がないのに医薬品にあたるオレンジ、ブクリョウ、カンゾウなど三十二種の原料を混合した健康食品『密教食』を製造。六百〜六百三十五円で納品させた『密教食』を、全国にある阿含宗の道場や連絡所四十五ヵ所や健康食品販売店で、三千〜四千五百円で売っていた」

似たような事件が繰り返されるものだが、八六年、宗教として再度〝大変身〟をとげる。この年「真正仏舎利」を導入したことである。阿含宗によれば日本各地にある仏舎利はみんな偽物。スリランカから寄贈された「真正仏舎利」こそ保証書付きの本物。「『真正仏舎利』を奉祀《ほうし》して以来、その大功徳力をいただいた方々の体験談は数えあげればきりがないほどです」というのが星まつりの宣伝文句となっている。

阿含宗はそれ以前も「絶対」「奇蹟の力」を売り物にしていたが、それはうそだったのだろうか。以前、入信者は別の〝本尊〟を渡され、これに向かって祈っていた。信者は千座行といって千日間の祈りを強制され「一日でも休むともとに戻ってしまう。それを機会に因縁が表に出てくる恐れがある」と教えられていた。一度入信すると千日間＝三年間はやめることができない仕組みだ、との批判もあった。ところが「真正仏舎利」導入後、いとも簡単に千座行の義務を廃止してしまう。「新しい〝本尊〟は密教の秘法で真正仏舎利様と同じパワーを与えられている」から、途中で休んでもよくなったという説明。とにかく「変わり身」は早い。

電通と組んできた広報内部に〝異変〟

「阿含宗内部で〝異変〟が起こっている」。そう伝えたのは八八年十二月号の「噂の真相」である。

「これまで同団体（阿含宗）の対外的な広報活動とマスコミ対策の総指揮を取ってきた松沢正博と山本宣明の辞任。二人の辞任についで桐山管長のボディーガード兼秘書をつとめてきたTも近々辞任するものと見られている」「ゴタゴタの背景には、肉親同士の骨肉の争いがあります。桐山管長と浪費グセで知られる夫人が犬猿の仲にあるのは周知の通りですが……、つまり桐山管長の後ガマを狙っての後継者争いともいえる」

松沢氏といえば阿含宗広報室長であり、八五年には横浜支部設立委参与も兼務し、桐山管長の側近の一人と目されていた。「松沢氏らの離脱とは直接関係ないと思うが、教団内部には財産や後継者をめぐる派閥的なものはあったようだ」と、広報関係のスタッフは言う。

阿含宗は、ずば抜けた宣伝企画力を発揮。そこでつくりあげた斬新《ざんしん》なイメージで、因縁とたたりの世界を包み込んできた。これをほとんど一手に引き受けてきたのが電通であり、その窓口になってきたのが広報スタッフだといわれる。

ここ数年みられた、ハデな海外進出も同様、広報スタッフの企画と演出だったという。

阿含宗の各種宣伝物。バックは電通

八五年三月、阿含宗「使節団」のバチカン訪問や八六年六月の中国ハルビン市での「平和の祈り・大柴燈護摩法要」などがそれである。桐山氏はバチカン訪問記を『愛のために智恵を智恵のために愛を』という本にまとめている。

「それはすでに引かれていた一本の線で

あった。わたくしはそれと知らずに歩んでいたのだ。（中略）そのときわたくしは、バチカン最大の寺院、サン・ピエトロ大聖堂の或《あ》る場所にひとり立っていた。それはごく限られた人しか入ることを許されぬ秘奥の場所であった。どうして異教徒のわたくしがそんなところに入ることができたのか？　無用の詮索というべきだろう。それはすでに引かれていた一本の線であったのだ。そこへわたくしをみちびく大いなる力があったのである」「もうわれわれはおなじ道を歩みはじめているのだ。教皇よ、あなたの期待とはげましを、わたくしは、これから常に背にして歩んでまいりましょう」

桐山氏はローマ教皇と握手を交わした。

もっとも、バチカン訪問歴の多い宗教団体関係者に聞くと「バチカンには法王の謁見日というのがあり、諸宗教対話の事務局に申し込めばそんなにむずかしいことではない」という。握手を交わしたのも「限られた秘奥の場所」ではなく、広場で群衆の一人としてだったともいうが、ともかく握手したことが最大の事実であり、宣伝材料となる。

先の広報スタッフはこう言う。

「私たちは、宗教は祈りに行動がともなわなければならないと考えてきた。福祉とか教育とか医療とか、民衆のなかに入りそうした社会活動をしなければならないと。諸外国との交流もそういう発想で企画してきたのだけれど、結局、教団指導者には理解できなかったようだ。あの人たちにとってはハクつけの一つでしかない。そんなギャップが、広報スタッフの離脱にもつながったのではないだろうか」

阿含宗の対外的イメージをつくりあげてきた広報スタッフは大幅に入れかわったという。新体制の阿含宗は次に、どんなイメージ戦略、つまりは〝目くらまし戦略〟をあみ出してくるだろう。京都が、その中心舞台の一つになることは間違いない。

第十二章　東本願寺紛争の舞台裏——内紛に群がる右翼、利権屋、勝共連合

〝天皇家の反乱〟とでもいおうか――。

〝実権天皇制〟から〝象徴天皇制〟へと憲法を改めた。これに不満の皇太子が独立王国結成を宣言する。国を出た皇太子に代わり、その長男が「新憲法遵守《じゅんしゅ》」を誓って皇太子になる。ところがその皇太子も「二つの国の皇太子を兼任するから、その旨、憲法を変えろ」と言いだす。政府は皇位を剝奪《はくだつ》し、その従弟で高校一年生の少年を、本人の承諾なしに新皇位継承者として指名する……。「お東さん」はいま、そんな事態に遭遇している。

教団財産をめぐる内紛

一九八〇年十一月、大谷光暢法主《おおたにこうちょうほっす》(門首)と内局で「即決和解」が成立、十年余に及ぶ紛争が終結したかに見えた。だが、紛争の火種は形を変えて燃え続け、新たな局面を迎えようとしている。

宗祖親鸞《しんらん》の血脈《けちみゃく》を継ぐとされる大谷家は、真宗大谷派における天皇家のような存在である。その大谷家を一方の当事者として、紛争は展開してきた。一般に、大谷家を中心とする「保守派」と内局を中心とする「改革派」の争いといわれる。たしかに同《どう》朋会《ぼうかい》運動という信仰運動が紛争の底流にあり、「反靖国」運動などに参加し改革派を自任する僧侶《そうりょ》もいる。しかし紛争には「保守対改革」では割り切れない側面もある。

東本願寺紛争の特徴は、時価数兆円とも数十兆円ともいわれる教団財産をめぐる「利権」がつきまとってきたこと、「利権」をめぐるそれぞれの事件を陰で演出してきたのが「右翼」や「利権屋」と呼ばれる面々であったこと、そして事件の〝火元〟はつねに大谷家側にあったこと。そうした視点から、紛争のこれまでと、いまをレポートする（便宜上、「保守派」「改革派」の呼称も一部使用した）。

〝実弾〟を飛ばし権力を握る

「開申《かいしん》」事件が起きたのは六九年四月だった。開申とは、法主が内局に出す指示のこと。大谷光暢法主が突然、管長職を光紹《こうしょう》新門に譲ると発表した。管長とは宗派の代表役員、つまり法律上の権限を譲るとの発表である。宗憲に定めた手続きを無視した指示に内局、宗議会あげて反発、これが東本願寺紛争の発端となった。

仕掛け人は吹原弘宣《ふきはらこうせん》だった。吹原は岐阜県の大谷派末寺の息子。戦後、詐欺事件を重ね、六五年四月には「吹原産業事件」の主役となった。〝闇の金融王〟森脇将光《もりわきまさみつ》と組んだ三十億円の詐欺事件。自民党総裁選挙を利用したもので当時の政府高官にも波及し児玉誉士夫《こだまよしお》、小佐野賢治《おさのけんじ》らの名前まで出てきた。

保釈で出てきた吹原は東京本願寺（東京別院）住職の光紹新門に接近する。吹原が教えたのは〝土地で儲《もう》ける〟こと。東京本願寺が京成電鉄に貸してある土地から多額の権利金をとり、税金減額の工作をしてやる。新門は「吹原氏は有能な実業家であるので手助けを願っている。こんどの（詐欺）事件も判決が出ない以上悪人にするのは酷ではないか」（「読売新聞」六九年五月十六日付）と、保釈中の吹原に絶大な信頼を寄せた。

「光紹新門が管長になれば、吹原は〝自分の意〟を通しやすくできる」（同）。吹原は新門を通して法主夫妻にも接待攻勢をかける。こうしてこぎつけたのが管長譲位発言＝開申だった。

じゃまなのは「改革派」が多数を占める宗議会と内局。この年の宗議会議員選挙では新門を先頭に、猛烈な多数派工作を展開する。実弾が乱れ飛ぶ。その資金源も吹原だった。もちろんタダで資金を提供したのではない。吹原は出費を克明にメモしていた。毎日新聞社編『宗教を現代に問う』によると、出費の総額は七千五百九十三万五千七百四十円だったという。

選挙で勢力を逆転し、法主派内局が誕生するや、吹原の関連会社は法主の白紙委任状を入手して山科上花山《やましなかみかざん》の所有地造成を開始した。総工費四十億円をかけた納骨堂（東山浄苑）建設工事である。

吹原は人事権も握った。東京・浅草の本竜寺住職は当時、「東京別院輪番にならないか」とすすめられた。ただし「まず吹原に会って推薦をもらうこと」が条件だった。「何で吹原ごときに頭を下げなきゃならないのか、と断ったけれど当時はまさに〝吹原本願寺〟の様相だった」と同住職は筆者に語っている。

※真宗大谷派（東本願寺）の機構

お東さんの機構は国のそれと酷似している。国の憲法にあたる宗派の最高法規が「宗憲」。国会にあたるのが僧侶で構成する「宗議会」と門徒で構成する「門徒評議会」。政府にあたるのが「内局」で、総理大臣を「宗務総長」、大臣を「参務」と呼ぶ。裁判所にあたる「審問院」もある。

その頂点に、宗祖親鸞の血脈を継ぐとされる大谷家の当主が「法主」として君

臨してきた（八一年の宗憲改正以後は「門首」）。世襲制は、他の伝統仏教教団には見られない、真宗教団の特徴の一つとなっている。大谷家はいわば、宗門における天皇家のような存在で、天皇家の皇位継承権者を皇太子、親王と呼ぶのと同様、門首の長男を「新門」、他の男子を「連枝《れんし》」と呼ぶ。ごく最近まで、子は父を「お父《もう》さま」と呼んでいたという。現門首は大谷光暢《こうちょう》。智子裏方（門首夫人）は皇太后の実妹である。

フィクサー児玉が顧問となって恫喝《どうかつ》

激しい実弾攻勢で〝保革逆転〟を果たした六九年末の宗議会選挙に登場したもう一人の人物が児玉誉士夫だった。戦中は軍の特務として働き、戦後は保守政界の黒幕、右翼のボスとして君臨。ロッキード事件で起訴され、公判中に死亡した。

児玉は日蓮宗《にちれんしゅう》の信者で池上本門寺の有力檀家である。その児玉が真宗大谷派の「門跡（法主）顧問」として登場する。「わが東本願寺の永遠の基礎固めをするため、東本願寺に深く巣喰《すく》う宗務総長とその一派を、一切の役職から追放し、以《も》って東本願寺の千年の計を確立して頂き度《た》い」という法主あて書状のコピーを宗門僧侶に送りつけた。「改革派」への恫喝である。

法主がどういう経過で児玉に「顧問」の肩書を与えたのかは明らかになっていない。しかし法主の肩書乱発はかなり広範囲にわたっていたと推測される。八六年夏には九州の建設会社社会長の葬儀委員長と副委員長が「大谷派門跡顧問」「同内局顧問」の肩書を使った。葬儀委員長は国政選挙の候補者だったという。この種の肩書は金で売られることが多い。

あせり見せる法主グループ

児玉の介入は一過性で終わった。吹原もその後、教団から手を引いた。だが吹原がまいた〝利権〟の種が芽をふくのは、それからのことであった。

たとえば七三年、こんな事件が続発する――。

〈名号ネクタイ事件〉大阪の末寺住職・若松晴らが真誠念法会（阪根徳理事長）をつくり、法主直筆の「南無阿弥陀仏《なむあみだぶつ》」の六文字入りネクタイ販売でひと儲けを狙った。

〈難波別院土地事件〉若松が法主の「委任状」を持って難波別院の一部売却をはかる。委任状を信用した不動産業者が手付金七千万円詐取されたとして表面化。

〈宇治《うじ》土地事件〉宇治の所有地一億三千万円分と滋賀の山林九千万円分を交換し利ざやを稼ごうとした。若松と藤本昭が法主の「委任状」を持って行動。手付金を詐取されたという不動産業者が法主、若松らを告訴。

――三つの事件に登場する若松は当時「大谷家の資金調達係」と評されていたという。ネクタイ事件の阪根は右翼・日本塾塾幹。全愛会議（右翼連合組織、笹川良一《ささかわりょういち》らが顧問）の代議員もつとめている。宇治土地事件の藤本も日本塾顧問。韓国出身で戦争中は佐郷屋嘉昭（浜口《はまぐち》首相狙撃犯、戦後護国団団長、全愛会議議長）の私設特務として働き護国団顧問、全愛会議副議長などもつとめている。日本塾は関西の右翼連合組織、三曜会の一員でもある（『右翼・民族派事典』による）。

この年の暮れの宗議会選挙で再び勢力が逆転、「改革派」が多数を占めた。法主は允裁《いんさい》（決裁印のこと）を拒否するなどして「改革派」内局に抵抗をこころみる。独断で別人物を宗務総長に指名、この総長が宗務所にたてこもり、金庫をこじあけようとする事件まで起こった。

教団所有の山林などを管理している本廟維持財団（現・本願寺維持財団）をめぐり〝骨肉の争い〟も演じられた。財団理事長である二男・暢順《ちょうじゅん》に対し、法主と四男・暢《ちょう》道《どう》（法主秘書役）が「理事長職を譲れ」と迫った事件である。「財団理事長を三ヵ月間、私にくれ」と光暢法主。「いえお父《もう》さまに金庫番のようなことはさせられません」と暢順理事長。京都グランドホテルでの一幕だったと、当時の秘話を「文化時報」二月十八日付が明かしている。

一連の事態は法主グループのあせりを示している。「お上《かみ》は借金で苦しんでいる」。そんなうわさが宗門に広がった。

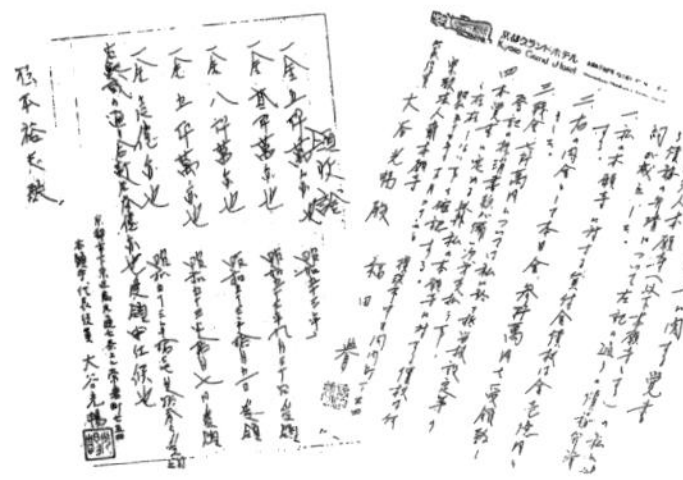
何に使われたのか、莫大な法主の借金

笹川了平《りようへい》登場、手形乱発で次々と差し押さえ

「宗務総長に会いたい」。ドン・笹川良一の実弟、自民党代議士糸山英太郎《いとやまえいたろう》の義父、関西右翼の幹部で勝共連合顧問、笹川了平が東本願寺に乗り込んできたのは七六年四月のこと。幻の計画「大谷の里」事件にからんで、であった。

琵琶湖畔《びわこはん》に総工費四十億円で老人福祉施設をつくる。種《たね》子島《がしま》の九万坪の原生林を買い、移植する。真宗大谷派の施設に「禅宗道場」までつくる――法主らは奇想天外な〝計画〟にまんまと乗せられた。当座の資金づくりとして、法主、裏方、四男暢道名義の手形七枚五億円分を乱発。手もなくパクられてしまう。

笹川は法主の依頼を受け、そのうち四億円を回収し、東本願寺に届けたのだった。残る一億円分の手形が次々と人手に渡り、ついに枳殻邸《きこくてい》や室町役宅などが差し押さえられた。この時期、法主や暢道が白紙委任状を乱発していることが判明。教団の不動産は次々と抵当に入り、差し押さえられていった。しかも同じ土地の抵当権者が二度三度と移っていく。つまり、借金をしてその返済のための借金をする。〝借金ころがし〟の様相を呈していた。

債権者の顔ぶれをみると、元首相福田赳夫《ふくだたけお》の甥《おい》やグアム島生き残り兵士横井庄一《よこいしょういち》夫人の実兄もいる。「〝筋者〟の債権取立業者」や「キズ物専門の不動産業者」「暴力団につながる金融業者」などもいる。「貴族育ちのお上が、たちうちできる相手ではない」と、門徒たちは嘆いた。

当時、宗門が支給する法主手当は月額百数十万円。新門や他の連枝にも相当の手当が支給されている。光熱費やお手伝いの費用も宗門持ち。四男暢道らの放蕩《ほうとう》や選挙での実弾工作のツケがあったにしても、これで莫大《ばくだい》な借金ができるとは考えられない。「お上」ではたちうちできない〝利権〟のえじきになったという指摘も、間違いではないだろう。

枳殻邸を買った男、姿を見せた近畿土地

七八年十一月の宗派離脱宣言は法主側にとって〝最後の切り札〟だった。莫大な教団財産の大半は「真宗大谷派」でなく「本願寺」名義。宗門の拘束を離れて本願寺が独立すれば、財産処分も自由にできる――狙いは明らかだった。

時価100億円という枳殻邸も売却されていた

離脱宣言から十日後、早くも名勝・枳殻邸の所有権が第三者に渡った。時価百億円という名園である。宗門の諸手続きを無視した、全くの違法行為であった。

法主側は、対外的には「独立資金捻出《ねんしゅつ》のための担保として一年間だけ預けるのだ」と説明した。

しかし法主とブレーンの内輪の会合の議事録を見ると、暢道は、「当面、この十二月までの資金として数億円は絶対必要であり、その中には今までの活動資金並びに借金返済もあり、法主の台所も考えてほしい」と説明している。

枳殻邸の新所有者は松本裕夫。貸しビル業裕光社長という肩書だが、同社は事実上の休眠会社、とても独力で買う資産はないとみられていた。まもなく所有権の一部が近畿土地に移され、同社がスポンサーだったことが判明する。

小森新次郎・近畿土地社長はその後の裁判で、松本のことを〝キズ物〟をあつかう海千山千のつわものだという趣旨の証言をしている。松本の交遊関係を洗うと、大物総会屋や事件屋の名前が多数出てくる。八八年十月には、左京《さきょう》区下鴨《しもがも》にある松本の居宅に銃弾が撃ち込まれた。ただしこれは、東本願寺事件には関係がない。別の「下京区の土地を巡るトラブル」(「文化時報」八八年十月十五日付)だという情報もあるという。

反共持ち込み〝有力票田〟へ

枳殻邸を買った松本裕夫は、京都を本拠地にする右翼・日本民主同志会の会員でもあった。日民同委員長は松本明重《まつもとあきしげ》。世界救世教外事対策委員長、郷友連盟本部理事、しゃぶしゃぶの「祇園《ぎおん》するゑひろ」会長……という肩書を持つ。

松本明重は戦中、大陸に渡り軍の特務としてニセ札づくりなどに従事する。戦後は進駐軍幹部に取り入り、反共・公安人脈につながる。革新市長として当選した高山義三《たかやまぎぞう》を吉田茂《よしだしげる》とひき合わせ、保守寝がえりの根まわしをした、とも自称する。

日民同といっても、当初は「総会屋リスト」に載る程度だった。その松本が〝力〟を得るのは世界救世教の内紛に介入してからである。反対勢力封じ込めに功績をあげ、教団の最高実力者にまでのしあがった。公称信者八十万人という救世教の〝組織票〟をバックに民社党とのコネをつけ、七八年京都府知事選挙では林田悠紀夫《はやしだゆきお》保守府政誕生に一役買ったりもした。

ひそかに大谷光紹新門らと連絡をとり合っていた松本の東本願寺紛争介入は、枳殻邸処分の直後に公然化する。「東本願寺に直言する——日本民主同志会意見書」を教団につきつけた。意見書では、「紛争の最大の原因は、実に政僧が内局に巣喰い、マルクス・レーニン主義に毒された数多くの袈裟《けさ》をまとった獅子《しし》身中の虫に起因する」ときめつけ、「日本民主同志会はいつまでも傍観者の席にはとどまらない」と宣言。

この意見書を全国の末寺に送りつけ、賛同署名を迫った。署名簿の末尾には「この目的達成の為《ため》には敢《あ》えてあらゆる手段をも行使する」との脅し文句を添える。日ごろ、こうした連中とのつきあいの少ない僧侶たちは、これだけで足がすくむ。世界救世教〝乗っ取り〟のなかでつかんだ、紛争介入のノウハウであろう。

世界救世教はもともと〝病気治し〟を売り物にする教団だった。松本が介入して以降、急速に政治色を濃くし、選挙の〝有力票田〟へと変貌《へんぼう》する。それを通して松本も、反共人脈による宗教界再編の仕掛け人の一人にのしあがっていった。その意味で、松本介入によって東本願寺紛争にも新たな視点が加わる。反共宗教人脈にとって伝統ある既成教団にクサビを打ち込む意味は、はかりしれないほど大きいからである。

だが松本の野望は挫折《ざせつ》する。松本自身が、救世教での地位を失ったからである。救世教幹部でありながら「平安教団」なる宗教団体をつくって教祖におさまったことや、巨額の金銭上のトラブルなどが原因だと伝えられている。

逮捕免れぬとなって即決和解

東本願寺の施設は、原則として拝観料をとらない。すべて門徒の浄財でまかなっている。教団の財産は門徒全体のもの、との思想の反映だといえる。

松本明重の「日民同意見書」は「数兆円ともいわれる本山財産のほんの一部」を処分しても「そうメクジラをたてることでもあるまい」と公言する。実際、法主はいとも簡単に教団財産を処分し、借金の担保にしてきた。なぜか。〝債権者〟の一人、幡新守也（横井庄一の義兄）がズバリと答えている。「五億円の借金を大げさにいうけれど、一千万人門徒に分りたら一人五十円。たいしたことはないよ」

この発想は、間違いなく大谷家の側にもあった。五億円の手形を乱発した「大谷の里」計画で、暢道らは門徒一人に一万円ずつ出させて百億円集めれば楽に元がとれるという〝資金計画〟をたてていた。

最後は門徒に尻ぬぐいさせればよい——だが大谷家にも利権集団にも、大きな誤算があった。内局、宗議会が枳殻邸処分という違法行為に対して告訴・告発という法的措置をとったからだ。地検の追及が始まった。暢道らの逮捕は必至という情勢になった。逮捕をのがれる方法はただ一つ、内局との和解に応ずるしかない。大谷家代理人として和解交渉にあたった内藤博弁護士（現学習院院長）は、その後の裁判で「暢道の逮捕という情勢が非常に迫っていた」「もう法主も、すべて譲っていいじゃないかと、向こう（内局）の言う通りになったって仕方がない、ということを言われた」と証言している。

そんな背景のもとに八〇年十一月、内局と大谷家は即決和解に調印した。和解条件は、①真宗大谷派と本山本願寺の代表役員の地位を宗務総長に移す、②内局側のこれまでの事務措置を有効なものとして認める、③全国の別院の代表権を輪番に移す、④内局は告訴を取り下げる、⑤法主らの借金を宗門が肩代わりする、⑥大谷光暢を宗門最高位者として処遇する――という内容。つきつめていえば、法主側は〝実権〟天皇制から〝象徴〟天皇制への移行を認める、その代わり借金の肩代わりをしてもらうという内容であった。

ともあれ、これで吹原弘宣の仕掛け以来十年にわたる紛争に終止符を打つことができる。これで宗門は正常化への歩みを始める。誰もがそう思った。

大谷家の〝反乱〟

大谷法主側が申告した借財は、十件七億二千万円にのぼる。内局は和解条件に従い、順次返済を続け、そのうち八件が完了した。八一年には宗憲を改正、法主を門首と改め、法的な代表権を宗務総長に移した。門首とは真宗門徒の首座として、聞法《もんぼう》求道の代表者だと内局は説明する。和解後の処置は順調にすすんでいる。これで正常化できる、と誰もが思った。

が、大谷家側にとって、即決和解は逮捕のがれの緊急避難にすぎなかった。八五年十月になって門首らは「即決和解無効確認訴訟」を起こす。門首は記者会見で提訴の理由を、「法主に宗務総長の任命権を与える」などという和解条件が守られていない、と主張した。しかし、和解当時の法主側代理人である内藤弁護士は法廷で「任命権」などは和解条件に入っていないと明確に証言している。

光暢門首はいま、月額百五十万円余の門首手当をもらいながら門首就任を事実上拒否するという、ヘンな状態が続いている。

一方、吹原弘宣以後、紛争の表舞台から遠ざかっていた光紹新門の動きは極めて活発だ。即決和解の機先を制する形で東京本願寺の宗派離脱を宣言。離脱にともなう宗教法人規則の変更が都知事に認証され、独立を果たした。新宗憲下の大谷派とは「信仰のあり方が明らかに異なる」(「朝日新聞」七九年六月十四日付)というのがその理由。さらに八八年二月、「浄土真宗東本願寺派」なる宗派結成を宣言、みずから「第二十五世法主」と名乗った。

光紹住職は反共雑誌「ゼンボウ」(八八年十一月号)に登場して「法主と呼んでいたものを門首という名に変えてしまいました。これは、いわば門徒代表ということで、つまり、法を説く人でなく聞く人になる。俗人の首席ということです。(中略)法主を無くした、ということは、いわば扇の要を無くしたようなものです」と語っている。大谷家の人間は「法を説く人」なのだ。「俗人」ではないのだ。つまり、えらいのだ、というわけだ。

もちろん、大谷派内局も黙ってはいない。「信仰が異なる」といって離脱した人物を新門にしておくことはできない。内事章範の順序に従って光紹の長男・光見を新門とした。もちろん「宗憲、大谷派規則等を尊重する意志があるか」との「御伺書」を提出し、「その意志があります」との回答を得たうえでの措置だった。ところが、その光見新門が八八年、父親光紹住職の「東本願寺派」旗あげに同調し、二つの新門を兼務するから「兼務可能となるよう（大谷派宗憲・規則を）改正することを要望する」との通知書を大谷派内局に送りつけた。

わざわざ意思確認をし、新門手当に加えて大学の学費まで送ってきた内局としては、これでは立つ瀬がなかろう。

「信仰の異なる」二教団の新門兼任はもともと不可能なこと。内局は光見新門の法嗣《ほうし》を剝奪、内事章範の継承順序に従って門首二男の暢順の長男、大谷業成を門首後継者に選んだ。十五歳の高校一年生である。こんどは本人の意思確認もしていない。「大丈夫か」「手続きが形式的すぎないか」という不安が、門徒の間になくはない。

勝共連合に大プロジェクト

「東本願寺派」を宣言した東京本願寺の光紹住職周辺の、新たな動きも注目されている。その一つは、光紹住職と統一教会＝勝共連合の急接近である。統一教会＝勝共連合はもともと、松本明重など紛争介入メンバーとの接触を続けており、七九年七月には「思想新聞」に〃共産党が本願寺を狙っている〃との特集を組むなど、介入の姿勢を本格化していった。「改革派」のバックに共産党がいる、という形の常套《じょうとう》手段を使いながら、反内局勢力の糾合をはかる、という戦略。とりわけ、光紹住職に対しては、「世界日報」に意見発表の場を与えるなどして接触を深めていた。八八年の「東本願寺派」結成では、統一教会直系の「宗教新聞」に大型インタビューを掲載、「(光紹)師の双肩にかかるものは、法統の正しき伝承、新宗門の指導と民衆の教化、人類救済への国際的活動を目指した仏都創建への壮大なヴィジョンの実現と、あまりにも膨大である。しかし師の心はおだやかで微塵《みじん》の気負いも感じられない。これらのことは〝弥陀の御勅命〟との確信と責任感に満ちている。その態度にはなんの私心も感じられない清々しいものがある……」と、最大級の賛辞を送っている。

光紹住職は、世界宗教議会日本会議主催の「宗教セミナー」世話人に就任。八八年来、仙台、名古屋、金沢、大阪、東京など各地でセミナーを開いている。同会議も統一教会系列組織。小山田秀生・統一教会副会長が国際文化財団副理事長の肩書で、また「思想新聞」に本願寺特集を書いた「宗教ジャーナリスト」が宗教時事研究所代表という肩書で〝反共講演〟をし、宗教界への浸透をはかる。光紹住職がその旗ふりを担っているわけだ。

東京・浅草の東京本願寺を訪ねると、まず目につくのが「墓地分譲」の看板である。二つの分譲会社がそれぞれプレハブの出店をつくり、大きな看板を掲げているからだ。一区画二・七五平方メートル二百七十万円。安くはない。

先の「宗教新聞」インタビューで、光紹側近幹部は「お寺の境内なども広々として、それによって緑化地帯が保たれ、人々のいこいの場であり、空気も少しでもきれいに保つ役割」を強調している。ところが東京本願寺の雰囲気は、それと正反対なのだ。賃貸用地に建てたマンションが境内に迫り、わずかのすき間は建物ギリギリまで分譲墓地にされている。

東京本願寺の用地に建つマンション

紛争の過程で約三百の末寺が宗派を離脱した。しかし、東京本願寺への同調寺院はごくわずかだといわれる。

「境内をこんなに切り売りするなんて、お台所は苦しいんでしょうか」。孫を連れて通りかかった近所の主婦はそう言った。

茨城県牛久《うしく》市に計画中の「牛久大仏

浄苑」は、起死回生の策かもしれない。十二万坪の造成地に大師堂、阿弥陀堂、多目的ホール、スポーツ広場、そして大量の分譲墓地。最大の売り物は基壇部あわせて百二十メートルの「世界一の大仏」。像の胎内部にエレベーターをつけ、地上八十メートル部分に展望室をつける……。レジャー施設のような大仏で人を集め、墓地を売る。「大仏崇拝とは、光紹さんはそこまで教義も信心も変わったのか」とは浅草の大谷派寺院の住職の弁である。

総予算三百五十億円、十年がかりの大工事。東京本願寺は「『事業計画はその道のプロに』と牛久浄苑のプロジェクト計画には外部の専門家の〝血〟を導入」、これが「牛久浄苑のシンクタンク的存在」(「中外日報」五月一日付)になるのだそうだ。

「お東さん」をめぐる動きは、ますます目を離せなくなっている、といえそうだ。

第十三章　〝現代のタブー〟となった裏千家、二つの顔

社中百万人を擁するといわれる茶道裏千家《うらせんけ》。一九九三年四月十九日から延べ六日間にわたって開かれた千宗室《せんそうしつ》家元の古希の祝賀会と祝賀茶会には、全国から延べ三千人以上が参加したといわれる。その姻戚《いんせき》関係は政財界から皇族にまで至り、裏千家を批判することはいまやタブーになった。京都の市民はおろか、マスコミさえもが口を閉ざす。「我が世の春」を謳歌《おうか》する裏千家だが、その陰では「異変」ともいえる事態が進行している。

「我が世の春」

千宗室裏千家家元は、一九二三年四月、裏千家十四代家元淡々斎宗室の長男として生まれた。幼名を政興といい、一九四九年に大徳寺《だいとくじ》で得度して鵬雲斎玄秀宗興《ほううんさいげんしゅうそうこう》を称している。六四年に十五代家元宗室を襲名。九三年七十歳になった。

紺綬褒章《こんじゅほうしょう》七回、七三年藍綬《らんじゅ》褒章、八〇年紫綬《しじゅ》褒章、八九年文化功労者。海外での勲章も多数。京都府公安委員、同志社理事、平安建都千二百年記念協会会長、イタリア共和国名誉総領事などの肩書を持つ。

一九九三年五月十一日に東京のホテルニューオータニで催した古希の祝賀会には、

閣僚の三分の一が出席したといわれ、宮澤《みやざわ》総理(当時)が来賓のあいさつを行った。乾杯の音頭をとったのは、裏千家の「親戚筋《しんせきすじ》」となった昭和天皇の弟、三笠宮《みかさのみや》だ。

裏千家の事実上の機関誌「淡交」は、祝賀会の模様を「日本の国をあげての、という表現がふさわしいほど、各界を代表する著名人が大勢揃《そろ》われた」と伝える。

まさに裏千家にとって、「我が世の春」だ。しかし、裏千家もいまのような権勢を保ち続けてきたわけではない。

今日庵(上京区小川通寺之内上ル)

裏千家は、その源流を千利休《せんのりきゅう》の孫、宗丹《そうたん》にさかのぼる。宗丹は、長男には後を継がせず不審庵《ふしんあん》を三男の宗左《そうさ》に、今日庵《こんにちあん》を四男宗室《そうしつ》に譲った。不審庵が本家の表にあったことからこれを表千家と呼び、本家の裏にあった今日庵を裏千家と呼んだ。次男の宗守《そうしゅ》は、家を出て武者小路《むしゃのこうじ》に一家を構えたことから、これを武者小路千家と称し、合わせて三千家という。

四百年前にすでに利休によって完成された「茶の湯」は、以来、三つの千家によってその形が継承されてきた。

江戸時代末期からは煎茶《せんちゃ》道に押され、茶道そのものが没落した明治時代には、裏千家は本拠地の「今日庵」までもが借金のカタに人手に渡ったこともある。

今日の裏千家の隆盛は、千宗室の母嘉代子《かよこ》に負うところが多いとされる。嘉代子は、五人の子どもたちを旧華族や福田《ふくだ》元総理につながる政界の黒幕、財界人などと結婚によって結び、その布石がついには千宗室家元の長男・政之を昭和天皇の姪《めい》にあたる容子《まさこ》と結婚させることに実を結んだといわれる。隆盛の陰には、日本の支配層のなかに完成させた周到な閨閥《けいばつ》づくりがあった。

が、人々は、その人脈の厚み、閨閥の華麗さ、肩書の数にこそ、千宗室の権勢欲を見、茶道そのものに対する「うさん臭さ」を嗅《か》ぎ取るのだ。

裏千家の二つの顔——巨大集金システム

裏千家茶道はいまや茶道人口の半数を占め、末端の会員まで含めれば百万人を擁するといわれる。千宗室家元は、そのピラミッドの頂点に君臨する。と同時にその権威と「家元制度」という機構から派生する収益事業の経営者としても君臨する。

裏千家の閨閥

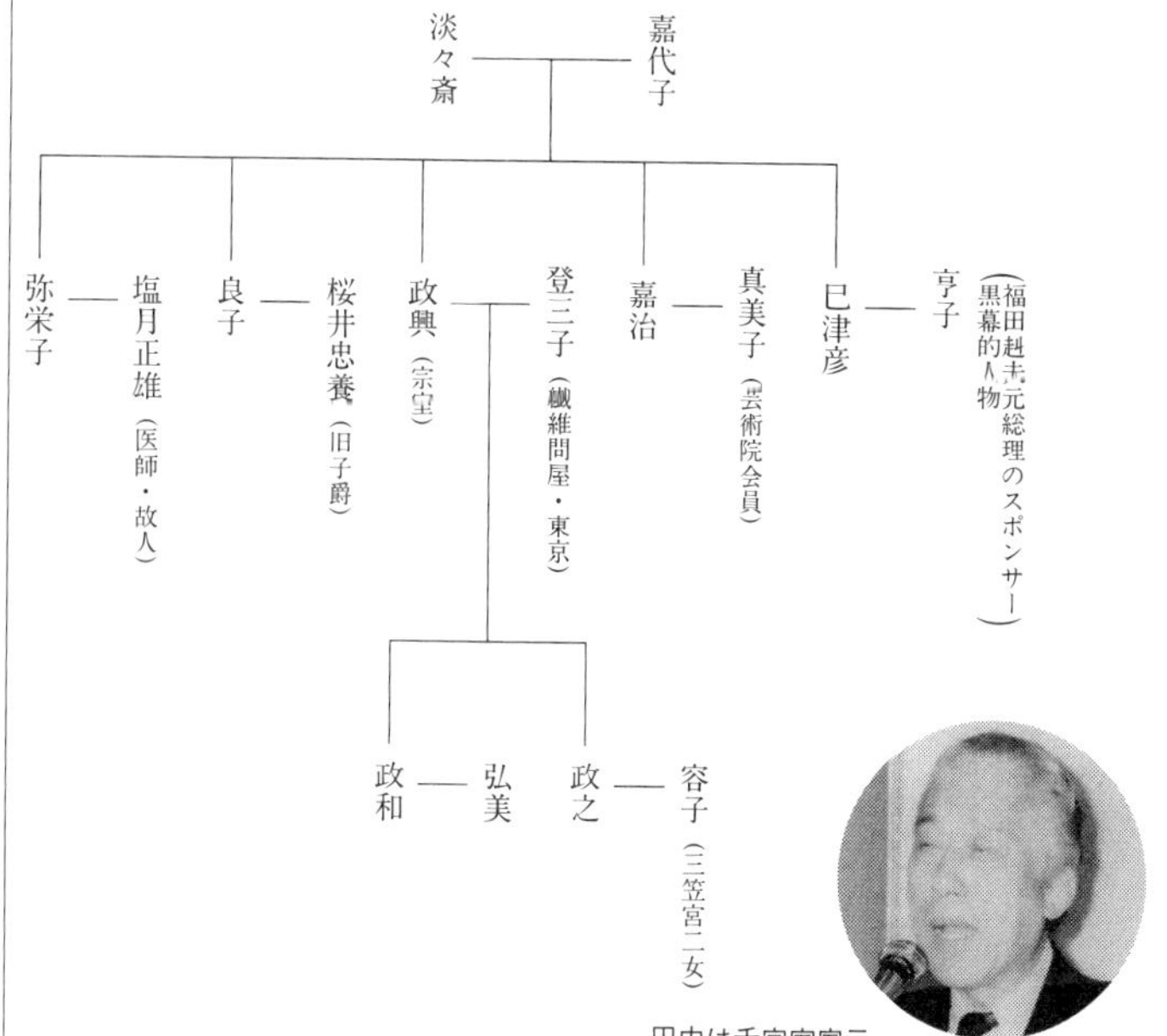

円内は千宗室家元

茶道家元という顔と経営者としての顔。千宗室氏には二つの顔がある。氏がすでに五一年には、京都青年会議所のメンバーとなり、五九年には、日本青年会議所第八代会頭に就任したことは、企業経営者としての家元の面目躍如とするところだろう。

「家元制度」の根幹は、家元が「許状」

と呼ばれるカリキュラムの修了証明書の発行権や指導者の資格授与権を一手に握っているこ とだ。

裏千家茶道のカリキュラムは、小習《こならい》、茶通箱《ちゃつばこ》、唐物《からもの》、台天目《だいてんもく》、盆点《ぼんてん》、和巾《わきん》、行之《ぎょうの》行台子《ぎょうだいす》、真之行台子《しんのぎょうだいす》、大円真《だいえんしん》などと十二段階に分かれ、会員は、その許状を受けるたびに家元への許状料、師匠への引次料をそれぞれ払わねばならない。

許状料は、小習で千八百円、茶通箱では二千五百円。ステップアップするごとに高くなり、指導者としての資格が与えられる真之行台子となると許状料は、一万二千円になる。弟子をとって教えるには、さらに上の資格が必要で、「準教授」で十二万円、「教授」となると三十万円近い金が必要になるという。

高いか安いか、価値判断の問題だろうが、百万人ともいわれる会員たちが許状を授かるたびに「家元」には、金が転がり込む。この巨大な集金システムそのものが「家元制度」だ。

裏千家側は許状料について、「茶道や書道、武道でも道と名がつくものには、どこでも金を出して級なり段をもらうでしょう。上に行けば当然高くなる。誰もタダで書いてくれませんよ。自動車の免許の更新だってお金がかかるじゃないですか」と反論するのだが、集金システムはそれだけにとどまらない。

裏千家と表裏をなす淡交グループ

一時は裏千家グループに身を置きながら、やがて石もて追われた老ジャーナリストが自らが体験し、見聞きした裏千家の実態を小説仕立てにして描いたことがある。『小説　裏千家』とタイトルされた告発書は、こんなふうだ。

「末端の師匠は月一回、支部へ稽古《けいこ》に通う。その席で、裏千家から販売を依頼してきた物品の分担を決める。割り当てられた師匠は、それを持ち帰って、今度は自分の弟子に売りつける、という仕組みになっている」

いまや裏千家の会員は、その末端までコンピューターによって管理され、それはそのまま巨大なマーケットとなっている。

その物品販売などを手がけているのが、裏千家と裏表の関係にある「淡交グループ」だ。

家元の実弟である納屋嘉治氏が統括する裏千家のグループ企業。中核に裏千家の機関誌「淡交」を発行する淡交社を据え、茶道具の販売会社の「淡交センター」、裏千家社中の宿泊施設となっている茶道研修会館を管理する「淡交総業」、運送会社の「仙交社」、茶器から美術品や洋菓子まで販売する「ミリエーム」、海外旅行代理店の「グリーンインターナショナル」、日本で出版された書籍を海外で翻訳販売する「淡交ウェザヒル出版社」など、財団法人の裏千家・今日庵の事業から派生する収益事業を引き受けるための株式会社群だ。

会員は、淡交社が発行する裏千家茶道の本を買い、淡交センターで茶道具をそろえ、さらに裏千家が海外で行う記念行事には、グリーンインターナショナルを通じて参加する。

家元の次男、伊住政和《いずみまさかず》氏が代表者となっている「ミリエーム」に至っては、その事業目的に、茶道具から宝石、貴金属、食料品、化粧品、家電、自動車、スポーツ用品の販売、さらにはエステティックサロンまで、およそ裏千家に通う女性が関心を示しそうなものは、何でも掲げるのだ。

打ち出の小槌《こづち》

茶道に独特のものに「箱書き」というものがある。茶器などを入れる木箱のふたの裏に家元がサインしたものだ。「箱書き」は、その道具が本物かどうかの証明になるとされるが、この書き付けがあるだけで、たとえば十五万円の茶碗が四十五万円に跳ね上がる。

サイン一つで値段が倍にも三倍にもなる。まるで打ち出の小槌だ。それだけに家元の箱書きをもらおうとする蒐集《しゅうしゅう》家や道具商はひきもきらない。茶器本体よりも箱の方に値打ちがあるというような倒錯さえも起こる。もちろんこれもタダではない。家元の収入のうち、最も大きいのが、この箱書きだという指摘さえある。

関係者は「そんなびっくりするような値段じゃあない」と強調する。ただし、その料金は「道具商との関係もあるので」非公開だという。

裏千家と裏表の淡交グループが集結する淡交ビルヂング

不発に終わった告発

『小説　裏千家』は、さらに驚くべき事実を告発する。淡交グループのある幹部が担当の税務署員を毎月祇園《ぎおん》近くの貸席に連れていくとか、グループ会社が大量の架空口座をつくり、隠し預金をしていたとか、脱税を発見した税務署員に茶器を贈ったなどだ。名前などは巧妙に変えてあるが、内部にいた者でしか知りえない描写には、リアリティーがある。

著者は元毎日新聞の記者だった。裏千家から誘われて、新聞社を中途退社し、お茶の世界に飛び込んだが六年後に追放される形で退社した、と本のなかにある。『小説裏千家』は、いわば著者の怨念の書だった。しかし本が発表されたときには、事件は時効になっていた。大阪国税局は著者に連絡をとることもなく、本格的な調査にも着手しないままに終わった。

著者は執筆のために東京に隠れ住んだ。出版社には連絡先として東京の住所と電話番号が残っていた。しかしその電話番号はいまでは全く別人のものになっている。著者のその後の行方は、わからないままだ。

裏千家が税金対策に頭を悩ませ続けていたことは、戦後まもなく裏千家・今日庵を公益法人化したことからもうかがえる。

税法上、財団法人など公益法人は、本来の事業による所得には課税されないとか、公益「増進寄与」法人への寄付は損金として計算できるなどの特典がある。何より五六年の税制改正まで公益法人は、非課税扱いになっていた。

裏千家は一九四九年に財団法人・今日庵を設立。さらに五三年には社団法人・茶道裏千家淡交会を設立する。今日庵が茶道の教育や国内外への普及を目的とし、淡交会は今日庵の事業の後援を目的としている。そして、この二つの公益法人が現在の裏千家を構成している。

今日庵売却を報じる週刊誌

消えた⁉　財団法人

裏千家にはさらに茶道文化振興財団という財団法人がある。「茶道の文化遺産を保護奨励するとともに近代化を促進すること」を目的とする。七〇年に設立されたこの法人は、会長の湯浅《ゆあさ》佑一《ゆういち》・湯浅電池会長を筆頭に、理事に三和銀行の渡邉《わたなべ》忠雄《ただお》名誉会長、住友銀行の土井《どい》正治《まさける》相談役（元経団連副会長）、東海銀行の三宅《みやけ》重光《しげみつ》元会長といった財界トップが名を連ねている。

ところがこの法人、電話帳にも載っていない。登記簿では事務所所在地は下京区《しもぎょう》四条烏丸《しじょうからすま》の三和銀行内となっているが、同行を訪ねても「えっ、何のことですか」。同ビルは全館を三和銀行が使用しており、部外のテナントが入る余地はないという。

公益法人は税制上の優遇措置があることから事務所についても厳しい規定がある。こんな幽霊のような法人がありえるのか。文部省の担当官は「なにぶん古いことなので経過はわからない」と言うだけだ。

裏千家やその家元にまつわる「生臭い」話は、『小説　裏千家』に書かれたものばかりではない。しかしそれが活字になることはほとんどない。事情を知る人も「裏千家は、皇室との関係もあるし話題にしづらい」と口を閉ざす。

裏千家ウォッチャーとして知られるあるジャーナリストは、裏千家についてこう語った。「京都には、寺の土地にからむようなドス黒い話がいくつもある。そこでは坊主はもちろん、政治家、財界人、学者、同和団体、さらに暴力団などが、複雑にからみ合いながら蠢《うごめ》いている。さながら日本の一断面だ。そのなかにあって、ときには調停役になり、ときにはコーディネーターとなって浮上するのが裏千家だ。だから下手にさわるとやけどする」

東京今日庵売却・移転

そんななかで九三年六月、久々に裏千家が一部の週刊誌をにぎわした。裏千家がこれまで東京での裏千家の顔としてきた東京・麴町《こうじまち》の今日庵・東京道場を売却し、新宿へ移転するというのだ。

今日庵・東京道場は赤坂の迎賓館からも車で数分の距離。JR線や地下鉄からの便もよく、東京のなかでも一等地にある。「週刊新潮」によれば、それが「都落ち」ともいえる新宿へ移転。しかも東京今日庵の敷地には、東京出張所には知らされないまま、八九年までに総額四十億七千万円にのぼる根抵当権が設定されていたという。さらに「どうも何かあってお金に困っているとしか思えない」という東京の某支部の幹部（婦人）の話を紹介する。この婦人は古希の祝いに招待されたとき「一人十万円を包むように」と言われた。そして「そりゃ昔から何かとお金はとられたわよ。でも最近は異常じゃないかしら」と言う。

こうした事実を紹介しながら記事は、東京道場の売却・移転を千宗室家元が一時役員に就任していたことがある京都のゴルフ場開発会社、「京北開発」の失敗と結びつけてみせる。

裏千家側は、移転の理由について「現在の東京道場の周辺に高層ビルが建って、日照時間が短くなったためだ」と説明する。そしてこの「週刊新潮」の記事については、「実際は東京道場の移転にすぎないのに、『今日庵売却』という見出しをつけたものだから、あっちこっちから問い合わせがあって迷惑した」と怒る。

真っ先に逃げ出した京北町《けいほくちょう》ゴルフ場開発

「週刊新潮」の記事に与《くみ》するわけではないが、この「京北開発」は、違った角度から見れば別の事実が浮かんでくる。

同社の名誉会長に就任していた千宗室家元は、京都府北桑田《きたくわた》郡《ぐん》京北町でゴルフ場建設に反対する住民団体が九〇年四月、裏千家にデモをしかけた直後、あっさり名誉会長を辞職する。

しかし、「京北開発」から九二年十二月に「脱走」した塚本幸一《つかもとこういち》・ワコール会長、納屋嘉治・淡交社社長、堀場《ほりば》雅夫《まさお》・堀場製作所会長の三氏のうち、納屋氏は裏千家の身内であるし、塚本、堀場の両氏は、裏千家「老分会」と呼ばれる、裏千家の枢密機関のメンバーだ。さらに現在も社長としてとどまっている寺内季一郎氏は、裏千家淡交会京都北支部の支部長だ。同社のおもだった役員は、裏千家と深いかかわりを持っていることになる。

工事がストップし、無残に削られた京北町の山は「いつ土砂崩れが起こるか」と心配されるような状態で放置されている。しかし、千宗室家元は「僕はすぐに役員をやめたから関係ない」と洞《ほら》が峠《とうげ》を決め込んでいる。

しかも、裏千家はこのゴルフ場計画と前後して京北町内に「裏千家国際交流センター」の建設を計画していた。掲げた理念は「今や国際交流の促進というのは、国という垣を超えて、感性と知性と徳行を持った人間をより多く養成していくことだ」。計画では、十七ヘクタールから二十ヘクタールという広大な敷地にプールやテニスコート付きの宿泊施設や茶道研修施設をつくりたいとして、同年五月には予定地の地元説明会まで開いていた。

担当していた町職員は「裏千家からそういう話があって、町としては願ったりかなったりだと説明会まで開いたんです」。

ところが奇妙なことに、説明会から半年もたたない九月、町は住民に中止のお知らせをすることになる。

「ある日突然やってきて、他に場所が見つかったたって。それっきりで、あとは何の音さたもない」。振り回されただけになった担当職員は、不信感もあらわだ。

裏千家側の担当者は、これに対して「その話は地元からあったものだと思う。当時はあちこちの自治体からそういう誘致があった。しかし結局、自治体は儲《もう》からない部分をこっちに押しつけてくる。国際交流センターといえば運営にもかなりの費用がかかるからね。その話は立ち消えにな゚っている」と説明する。

利休は、その死の二年前、「十年を過ぎずして、茶の本道すたるべし。すたる時、世間にてはかえって茶湯繁盛とおもうべきなり。ことごとく俗世の遊事になりて、あさましきなりはて、今見るがごとし。(中略)二畳敷もやがて二十畳敷の茶堂になるべし」と予想している。それからはるか四百年。その通りになっている。

第十四章　占い師・細木《ほそき》数子《かずこ》と組んだ世にも不思議なお墓商法

占いのブームである。〝占いの館〟までつくられ若者たちが押しかける。この戦後第三次の占いのブームの火をつけたのが「六星占術」の細木《ほそき》数子《かずこ》。そして、彼女の〝占い〟と墓石業者がドッキングして商売をしているのだ。〝信じる者だけが救われる〟という「世にも不思議なお墓の物語」ではある。

細木の個人鑑定料は十万円

「お墓に千八百万円ですよ。驚きましたが、すっかり女房が占いを信じてしまっていて、もしこの墓を建てなかったら不幸が起こると言ってきかないんです。こんな霊感商法まがいのことが許されていいのですかね」

語るのは京都市下京《しもぎょう》区の自営業者・A（四十五歳）。Aの妻は、最近、近親者に相次いで起きた不幸を気にし、前から読んでいた細木数子の本の巻末に書かれていた細木事務所に連絡をとり、「勉強会」（講演会）に出ることになる。そして、この会場で「個人鑑定」を申し込んだ。

細木の「個人鑑定」は右京《うきょう》区嵯峨《さが》観空寺《かんくうじ》谷町《だにちょう》にある宗教法人「大国教会」で行われた。広大な敷地は「久保田家山荘」とも呼ばれ、宗教法人も京都の久保田家石材商店グループがつくったものだ。

鑑定料は十万円。わずか三十分間である。それほど裕福に見えない人たちが順番を待っていた。「忙しい細木先生が特別に鑑定してくださるのですよ。こんな機会はめったにありません」。およそ〝教会〟にはふさわしくない、こわもてのお兄さんに案内されて細木の前に通された。近くで見る細木は、これほどの厚化粧があるかと思うほど。豪華なアクセサリー類や衣装は写真で見る通りだが、占い師としての神秘的な雰囲気はない。「文藝春秋」（八七年八月号）は「その周囲には、人生の修羅場をくぐりぬけてきた女特有のしたたかさと、悪の匂《にお》いというべき空気がたちこめている」と書いているが、まさにそんな表現がぴったりである。

細木数子

細木はA夫妻が事前に用意した家系図に目をやりながら「このままだとなお不幸が続く。救済は先祖供養しかない」と、細木流のお墓を建てるようにすすめる。一区画二十六万円の墓地を十八区画、これに五輪塔や菩薩《ぼさつ》、父母の墓などを並べると全部で千八百万円となる。ちゃんとローンが用意されていて、すぐ契約できるようになっている。細木のそばにひかえているのは、久保田家石材商店の社員なのである。

「借金しても必ずもっと大きくなって戻ってくる」と細木は強調し、「墓が建ったら写真を撮って持ってきなさい。見てあげます」と言う。

Aはあまりの額に、その場では契約しなかった。しかし、契約を望む妻とは夫婦ゲンカの状態が続き、結局、一千万円くらいの墓を建てたという。

三月十九日午後、大阪・梅田《うめだ》の新阪急ホテルで占い師・細木数子の講演を聞く「勉強会」が開かれた。受付で会費一万円を払って入ると、すでに会場は開演前から参加者がつめかけている。

やがて、長い金のネックレス、巨大なダイヤの指輪を身につけた細木が姿を見せ、壇上に立つと、熱狂的な拍手が続く。目も鼻も口も大きい派手な顔、威風堂々、押しも押されもせぬ圧倒的な貫禄である。

約二時間の講演は、先祖供養がいかに大切か、そのためには仏壇をまつり、墓をつくることが大切であるとの持論を繰り返す。「原因のないところに結果はない。先祖の積もり積もった因果が子孫に報いてくるのだ。だから先祖供養が大切である」ということをまくしたてる。

未婚の母から生まれた子孫には必ず障害が現れる、といった脅しの例を次々並べるが、原因と結果を結ぶ論理的な過程をいっさい不問にしてしまうのだから関心のない者には何とも退屈である。しかし、中高年主婦を中心にした聴衆は、細木の自信に満ちた弁舌に聞きほれていた。

講演が終わったあとは、サイン会をかねた本の即売会と「個人鑑定」申し込みの受け付けが始まる。鑑定料は十万円、細木とマンツーマンの易占が受けられるという触れ込みで、この「勉強会」を受講しないと申し込めない仕組みになっていて、この日も数十人が申し込んでいた。

細木の事務所は久保田家石材と同じ場所

細木の著書の巻末に記されている「細木事務所連絡先」の本部以下、札幌、名古屋、大阪など七ヵ所は、久保田家石材商店の営業所、もしくは同社の関連会社の事務所と全く同じである。たとえば、細木事務所の本部が置かれた東京駅八重洲《やえす》口前の福清ビル七階のフロアーは、久保田家石材商店の関連会社「霊園普及協会」の事務所である。

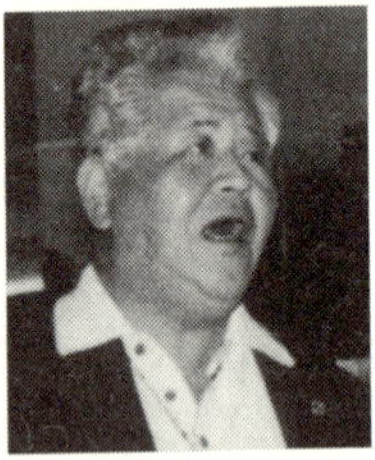
久保田茂多呂

各地で開かれる「勉強会」（講演会）には久保田家石材商店の社員が随行し、裏方の仕事をいっさい引き受けている。事務所のみならず、社員までアゴで使っているわけである。占い師と墓石屋が組んで、高い墓を建てさせる――まさに〝霊感商法〟と同じではないか。

「うちも商売になり、お客さんにとっても便利なところにあるんやからいいんやないですか」と久保田家石材商店の販売会社昭徳の代表取締役久保田秀二郎は語っている。細木へのバックマージンについては全面的に否定するが、細木は「東京駅のまん前の一等地をタダで使わしてもらっているんだから、こんな大きなバックマージンはないんじゃない」と笑いながら答えたという（前出「文藝春秋」）。

京都市下京区大宮通松原《おおみやどおりまつばら》にある久保田家石材商店。日本最大の墓石屋である。年商はグループ全体で百数十億円。全国に支店が十八あり、従業員二百二十人を抱える業界の最大手だ。戦前まではバラック同然の店内に裸電球がともる小さな墓石屋だったが、二代目の久保田茂多呂（七十二歳、本名・繁太郎）が、お墓の吉凶を見分ける〝墓相学〟に目をつけて成功し、戦後、またたく間に日本一の座にのしあがった。

七一年に久保田家石材の販売権、商標権を新設した子会社、「昭徳」に移譲、さらに石材製造部門も「大晃石材」に分離する。「久保田家石材商店」は、グループ企業の不動産管理や墓地開発への投資など資金管理を行う一方、昭徳からの売り上げの二七％を商標権の利用料として吸い上げている。

宗教法人や自治体でないと認められない墓地造成は全国のお寺と共同し、「久保田家総合企画」が開発、墓石の販売権を独占的に握ることにより莫大《ばくだい》な利益をあげている。これらの利益は、宗教法人やグループ企業間で操作されているとみてよい。

久保田家石材商店（下京区大宮通松原）

「久保田家石材」の代表取締役は久保田いよ（六十六歳）。茂多呂の妻だが、もちろん直接業務に従事することはなく、名義上だけ。なぜか、茂多呂は七五年に社長を退任しているが、実際にはいまもトップにいることは間違いない。

『世にも不思議なお墓の物語』と右翼と

『世にも不思議なお墓の物語』（光風社出版）。久保田茂多呂が六四年に初版を刊行し、いま十六版という。「女の名前で墓を建てると次の代に女が苦労する」「木の下の墓は病人が絶えず、実のなる木は片輪者が出る」「コンクリートを使うと中風の人が出る」から始まって「墓のない民族（ビルマとかベトナム）は墓のある民族に支配される」などと書き連ねている。

この「墓相学」は故竹谷聰進氏が全国のお墓を物差しと磁石、カメラを持って検分し「墓はその家、その人の運命を開くだけでなく、一族一家の盛衰にもかかわる」と、九三％以上の確証をつかんで著書にしたことに始まるという。久保田茂多呂は「石の相の統計の結論に真実がある」として〝吉相墓〟を売り出して当たったわけである。

面白いのは、細木数子が『運命を開く先祖のまつり方』（世界文化社）などに書いている内容が、『世にも不思議なお墓の物語』の中味とぴったり一致することである。細木が、竹谷や久保田らの本をもとに書きあげたとしか思えない。

もっとも、久保田家石材商店では、専属の〝墓相学の先生〟を五人抱えていて、

〝無料相談会〟を各地で開いている。

その一人、鷲見東観（愛知教育大学名誉教授）は右翼団体・日本民主同志会の副会長をつとめ、機関誌に「敬墓道」を説き、「日本民族はこのままでは衰亡する」と〝吉相墓〟の建立を訴えている。

日本民主同志会（本部・京都市山科《やましな》区）とは、最近死去した松本明重《まつもとあきしげ》が主宰していた右翼団体で、会員には暴力団員も含まれている。松本会長の後釜《あとがま》には、内田大円副会長が就任するのではないかとうわさされているが、内田も久保田茂多呂と深い関係があり、久保田自身も日本民主同志会の役員に名を連ねたことがある。

〝一億円の落とし主〟として一躍有名に

この久保田茂多呂が一躍有名になったのは、八〇年四月、東京・銀座のど真ん中で一億円が落ちていた事件。「〝告白〟していた『京都の大尽』――ついにわかった『大貫さん一億円取得事件』の落とし主」と「フォーカス」が八四年十一月十六日号で報じたのだ。

「日本中がこの事件の話で持ちきりになっていたころ、久保田家石材商店の茂多呂社長は三条河原町《さんじょうかわらまち》の高級フランス料理店で、京都のある大物、言うなれば黒幕的人物と会食をした。『大きな声でいえまへんがな。実はあの一億円を落としたのはウチですわ。（中略）まあ、一億ぐらいはホカしたと思ったらええです。名乗り出て、いろいろほじくり返されたらかないませんがな』。茂多呂氏はいとも気楽そうにそういった」というわけである。

その黒幕は、その後も茂多呂が、オレが落としたと話すのを何度も聞き、「証券界を騒がせた誠備グループの加藤嵩《かとうあきら》（八一年二月逮捕）に二億円の保釈金を出してやったのもオレだ」と語るのも聞いたという。黒幕以外にも証言者はいる。

もっとも茂多呂は、「加藤さんとはお墓をつくってあげて以来のつきあいだが、一億円なんて関係ない」と頭から否定する。

しかし、茂多呂は先の黒幕に、「加藤には二十七億円もつぎ込んだ」と豪語し、同席していた夫人にも株をすすめた。

茂多呂は若いころから大の株好きで、株投資でもかなり資産を増やしたらしい。

暴力団幹部の愛人だった細木

一方の細木。一九三八年、東京・渋谷生まれ。七歳で父を亡くし、八人兄弟の六番目として母の手一つで育てられた。十六歳でミス渋谷に選ばれ、十七歳でガード下のコーヒー店を開業、二一歳で銀座に三軒のクラブを持ち、三十歳の若さで計十店の店を構えたという。二十一歳のときに結婚したが、三ヵ月で離婚。三十二歳のときに店の常連客に約十億円もの大金をだましとられ、このころから占いに関心を持つようになったと本人は言う。

七七年、借金地獄に苦しむ歌手の島倉千代子《しまくらちよこ》の後見人として、数億円にものぼる負債を三年間で完済した。〝島倉の命の恩人〟としてマスコミの話題をさらった。債権者の大半は暴力団筋の金貸し。この窮地を救った細木は、暴力団二率会の相談役（当時）で、小金井一家の幹部だった堀尾昌志の愛人だった。のち島倉はだまされたと気づき細木のもとから去っていった。

八三年、再び細木はマスコミをにぎわせる。四十五歳で二度目の結婚をした相手が、歴代総理の師といわれ、終戦時の玉音放送の原案の起草者として知られる右翼思想家・安岡正篤《やすおかまさひろ》だったからだ。当時安岡は八十五歳、死に至る約十ヵ月を細木宅で過ごしたが、この再婚をめぐり安岡家と細木との間に確執が生まれ、初七日に細木は籍を抜いた。

その後「六星占術」で一躍ブームをまき起こし、ある写真週刊誌には総計一億円の宝石を見せびらかすように並べて撮った写真が載った。

信仰や宗教とは異質の生臭さ、うさん臭さ

八七年、あるテレビ局のディレクターが、「彼女が〝観音像〟みたいなものを売りつけているらしく、局に苦情がきている。森進一《もりしんいち》などが三百万円の観音像を買っているうちはいいんですけど、一般人までとなれば社会問題となりかねませんからね」と番組打ち切りの動きを語っている（「噂の真相」八七年三月号）。

細木は、先祖供養の仏壇を翠雲堂（東京・元浅草）と光仙堂（京都・太秦《うずまさ》）で買うよう鑑定にあたってすすめている。それが「全能観世音菩薩」であり、「仏壇は月収の三倍から五倍を目安にして買うこと」と指導している。

先祖をまつるのはいいことだ。しかし、病気やトラブルを「すべては先祖の霊をおさめていないことが原因」（細木）とし、墓石業者や仏壇業者と結んで、占いで脅か

して高額のものを買わせる商法は何としてもいただけない。そこに信仰や宗教とは異質の生臭さ、うさん臭さを感じるのである。

執筆者一覧

湯浅《ゆあさ》俊彦《としひこ》
第一章、第二章、第三章、第四章、第六章、第十四章

一ノ宮《いちのみや》美成《よしなり》
第八章、第九章

早川《はやかわ》寿人《ひさと》（フリージャーナリスト）
第七章、第十章、第十三章

東山《ひがしやま》睦郎《むつお》（宗教ジャーナリスト）
第十一章、第十二章

今井《いまい》和郎《かずお》（フリージャーナリスト）
第五章

本作品は、かもがわ出版より一九九三年二月に刊行された『京に蠢く懲りない面々』と、一九九四年四月に刊行された『関西に蠢く懲りない面々』の一部を再編集したものです。

湯浅俊彦―1937年、京都府に生まれる。立命館大学法学部卒業。国家公務員、週刊「京都民報」記者・編集長を経て、1986年、かもがわ出版編集長、1998年、同会長。
一ノ宮美成―1949年、大分県に生まれる。同志社大学文学部卒業。新聞記者を経て、フリージャーナリストに。『関西に蠢《うごめ》く懲りない面々』(かもがわ出版) シリーズの著者。
編著書には『女子大生セクハラ事件の深層』(かもがわ出版)、『闇の帝王〈許永中〉』『同和利権の真相1』(以上、宝島社文庫)、『西本願寺「スキャンダル」の真相!』『同和利権の真相2』『同和利権の真相3』(以上、別冊宝島Real) などがある。
グループ・K21―関西のフリージャーナリスト集団。主として、『関西に蠢《うごめ》く懲りない面々』(かもがわ出版) シリーズ、別冊宝島Realシリーズで取材、執筆。

講談社+α文庫 京都《きょうと》に蠢《うごめ》く懲《こ》りない面々《めんめん》
――淫靡な実力者たち
湯浅俊彦《ゆあさとしひこ》+一ノ宮美成《いちのみやよしなり》+グループ・K21

2004年1月20日第1刷発行
2004年3月10日第4刷発行

発行者――野間佐和子
発行所――株式会社 講談社
東京都文京区音羽2-12-21 〒112-8001
電話 出版部(03)5395-3528
販売部(03)5395-5817
業務部(03)5395-3615

デザイン――鈴木成一デザイン室
カバー印刷――凸版印刷株式会社
印刷――慶昌堂印刷株式会社
製本――有限会社中澤製本所

落丁本・乱丁本は購入書店名を明記のうえ、小社書籍業務部あてにお送りください。送料は小社負担にてお取り替えします。
なお、この本の内容についてのお問い合わせは生活文化第四出版部あてにお願いいたします。
Printed in Japan ISBN4-06-256817-9
定価はカバーに表示してあります。

講談社+α文庫 Ⓖビジネス・ノンフィクション

*私のウォルマート商法 すべて小さく考えよ	サム・ウォルトン 渥美俊一 桜井多恵子 監訳	売上高世界第1位の小売業ウォルマート。創業者が説く売る哲学、無敵不敗の商《あきな》いのコツ	940円	G 82-1
ブッシュの終わりなき世界戦争	浜田和幸	イラク攻撃の真の狙いは何か? 9・11同時多発テロはどす黒い陰謀のプロローグだった	780円	G 83-1
ソニーの「出井《いでい》」革命	立石泰則	企業を甦《よみがえ》らせるトップのビジョンと変革力!! ソニー奇跡の再生と企業革命の真髄に迫る!	740円	G 84-1
ソニーと松下㊤ 企業カルチャーの創造	立石泰則	家電の両雄ソニーと松下の企業風土《カルチャー》を徹底比較。成功と失敗から企業生存の条件を探る!!	800円	G 84-2
ソニーと松下㊦ 生き残るのはどちらだ!	立石泰則	「躍進するソニー」と「低迷する松下」の差はなにか。このままでは松下は十年ももたない!?	800円	G 84-3
*巨大化するアジアを読む地図	大薗友和	アジアはよみがえったのか!? 世界一の多民族・多言語・多宗教社会を抱えるアジアの今!!	780円	G 85-1
軍隊なき占領 戦後日本を操った謎の男	ジョン・ロバーツ グレン・デイビス 森山尚美 訳	なぜマッカーサーの民主化政策はひっくり返ったのか!? 戦後史の闇が今明かされる!!	980円	G 86-1
*裏ビジネス 闇の錬金術	鈴木晃	表経済がボロボロでも、裏経済は大繁盛! 闇商売の「儲けのカラクリ」を一挙に公開!!	680円	G 87-1
変な人が書いた成功法則	斎藤一人	日本一の大金持ちが極めた努力しない成功法。これに従えば幸せが雪崩のようにやってくる	600円	G 88-1
*地上最強のアメリカ陸軍特殊部隊 わずか1000人のエリート戦士が戦争を決める	三島瑞穂	スコープの中の敵を撃つ瞬間!! 日本人特殊部隊員の戦場日誌が再現する超リアルな戦闘	880円	G 89-1

*印は書き下ろし・オリジナル作品

表示価格はすべて本体価格(税別)です。本体価格は変更することがあります